Published for the Elizabethan Club of Yale University

The Elizabethan Club Series 4

A Companion Volume to

The Yale Edition of the Complete Works of St. Thomas More

Thomas More's Prayer Book, Front Cover

Thomas More's Prayer Book

A Facsimile Reproduction of The Annotated Pages

TRANSCRIPTION AND TRANSLATION
WITH AN INTRODUCTION BY

Louis L. Martz

AND

Richard S. Sylvester

PUBLISHED FOR THE ELIZABETHAN CLUB

YALE UNIVERSITY PRESS, NEW HAVEN AND LONDON

1969

Publication of this book was aided by the
foundation established in memory of
Oliver Baty Cunningham of the
Class of 1917, Yale College.

Library of Congress catalog card number: 68–27763

Designed by John O. C. McCrillis,
set in Baskerville type,
and printed in the United States of America by
the Carl Purington Rollins Printing-Office of
the Yale University Press, New Haven, Connecticut.
Distributed in Great Britain, Europe, Asia, and
Africa by Yale University Press Ltd., London; in
Canada by McGill University Press, Montreal; and
in Latin America by Centro Interamericano de Libros
Académicos, Mexico City.

Table of Contents

Preface

This volume has been prepared in order that St. Thomas More's marginalia may be made available to the widest possible audience: both to the general public, whose interest in More has been growing rapidly in recent years, and also to scholars of the Renaissance, who will, we hope, find this facsimile a stimulation to research in the many areas necessarily left untouched by our introductory comments.

We wish to express our deep appreciation to all those who have made the publication of this volume possible. The late James T. Babb, Librarian of Yale University, was one of the chief founders of the St. Thomas More Project; his interest in More and in the basic materials for humanistic scholarship led to the purchase of this book for the Beinecke Library at Yale. James M. Osborn and Eugene M. Waith have warmly supported this facsimile from the start as representatives of the Publications Committee of the Elizabethan Club. Their support has been matched by that of the Yale University Press, in all of the many departments that have been involved in the processes of reproduction and production. Herman W. Liebert, Librarian of the Beinecke Library, and Miss Marjorie G. Wynne, Research Librarian, have offered us every facility for research in the editing of one of their greatest treasures. To the Reverend Germain Marc'hadour, who participated in the original identification of the *Psalter* marginalia, our gratitude is boundless. He has checked transcriptions, helped with the translations, offered trenchant criticisms, and inspired our work with his own energy from start to finish. We owe a great debt to N. R. Ker, Reader in Paleography at the University of Oxford, who has not only identified the binding of the prayer book for us, but has also given us his valuable help with various paleographical matters. We wish also to thank Thomas E. Marston for much useful advice, Clarence Miller, for many communications regarding the Valencia Manuscript of More's *Expositio Passionis*, and J. B. Trapp, for his aid in checking sales catalogues.

RICHARD S. SYLVESTER
LOUIS L. MARTZ

New Haven, Connecticut
November 1968

A Note on the Facsimile, Transcription, and Translation

Because of its importance and its visual interest, the portion of the *Book of Hours* containing More's prayer is here reproduced in full-color facsimile; this portion has never before been completely reproduced, although some pages from it have appeared in *Moreana*. The original *Psalter* contains headings in red, but here, since the visual effect of the printed page is not significant, the portions containing More's annotations have been reproduced in black and white. These annotations have never been published before in any form; indeed, they had not been identified as More's in modern times, before their discovery by Father Marc'hadour and Mr. Sylvester in April of 1965. All pages in the facsimile are given in their original size.

More's English prayer in the *Book of Hours* is transcribed exactly in the spelling of the original. His superscript *r* is retained in the two lines where it occurs (sigs. c_4 and d_1v), but other marks of abbreviation are expanded and italicized. The prayer is unpunctuated, except for a virgule in the first line on sig. d_1 (marking a strong syntactic inversion) and a period after the last line on sig. d_1v. The transcription corresponds line for line with the original, thus facilitating comparison with the facsimile pages. All cancellations and corrections in the original, as well as one editorial emendation, are recorded in the textual notes. A version of the prayer in modern spelling is given in the Introduction, and the 1557 text in the *English Works* is reproduced below on pp. 205–206.

The facsimile reproductions from the *Psalter* include not only those pages containing verbal annotations by More but also every page containing pen marks of any kind by him (lines drawn down the margin and "flags" or *nota bene* marks). Each verbal annotation is here transcribed separately, even when several occur in clusters. Each is identified by the signature and folio number of the page, followed by the numbers of the psalm and verse to which More's gloss refers[1] and the first words (in italic) of the verse which he is annotating.

1. The Psalm and verse numbers employed here are those of the modern Vulgate text *(Bibliorum Sacrorum Iuxta Vulgatam Clementinam,* curavit Aloisius Gramatica, Typis Polyglottis Vaticanis, 1929). The Vulgate, unlike the Authorized (King James) Version, usually includes the title of each psalm in its numbering of the verses, and thus the Vulgate verse numbers will often run one higher than those in other texts. The reader should also be reminded that Psalm 9 in the Vulgate [divided as "9" and "(10)" in the modern text] is treated as two psalms in the Authorized Version; thus Vulg. Psalm 10 becomes A. V. Psalm 11 and the numbers of the latter generally run one higher than those of the former through the rest of the Psalter. Many of More's marginalia (e.g. 12:1, 37:1, 59:3) refer to the entire psalm and not merely to its opening verses.

More's own note is then printed in roman, with abbreviations expanded and italicized, and is followed by a literal English translation in parentheses. Cancellations in the original, along with editorial emendations, are recorded in the textual notes, which are also occasionally employed to offer explanatory comments on the annotations or on the translation of them. The marginalia were first transcribed by Father Marc'hadour and Mr. Sylvester; the translation given here is primarily the work of Mr. Sylvester.

List of Illustrations

Introduction

The facsimile pages presented in this volume contain materials which are of the greatest significance for the student of the life and works of St. Thomas More. What we have called "Thomas More's Prayer Book" is actually two printed books, a Latin *Book of Hours* and a liturgical Latin *Psalter,* which are bound together as a single volume now preserved in the Beinecke Rare Book and Manuscript Library of Yale University. This volume was in Thomas More's possession while he was a prisoner in the Tower of London (April 17, 1534–July 6, 1535). In the upper and lower margins of 19 pages in the *Book of Hours* More wrote an English prayer which has long been known[1] as "A Godly Meditation," the title given to it by his nephew, William Rastell, when he first published it in the 1557 edition of More's *English Works.*[2] Often reprinted, and frequently quoted, the "Godly Meditation" is justly famous; its lines are resonant with More's intense spirituality as he pondered the death which he knew awaited him, and yet they reflect, deeply and poignantly, the lot of any Christian as he endeavors "to walk the narrow way."

The second item in More's prayer book, his liturgical *Psalter,* gives us a broader, and perhaps ultimately a deeper, insight into the state of his mind during the period of his imprisonment. In its margins More wrote about 150 notes, each of them carefully related to the verses of the psalms next to which they appear. His annotations reflect his personal griefs and fears as he prayed his *Psalter* and strove to comfort his soul. Moreover, many of them relate closely to the central situation of his *Dialogue of Comfort against Tribulation,* the best of More's English works, which, all the evidence indicates, he composed in the Tower.

1. The most extended and the most recent discussion of More's prayer and his *Book of Hours* has been conducted in the pages of *Moreana* (Quarterly, 29 rue Volney, Angers). See particularly the following articles and letters: G. Marc'hadour, "A Godly Meditation," no. 5 (1965), 53–72; Edwyn Birchenough, no. 6 (1965), 65–68; G. Marc'hadour, nos. 7 (1965), 75–78, and 9 (1966), 101–06; J. B. Trapp, no. 11 (1966), 47–51; and W. J. Anderson, no. 12 (1966), 90–92. In no. 13 (1967), 45–52, Geraint Gruffydd discusses "A Prayer of St. Thomas More's in Welsh, 1587." The editor of *Moreana,* the Rev. Germain Marc'hadour, has authorized us to make use of these contributions in this Introduction.

2. *The vvorkes of Sir Thomas More Knyght* (London, 1557), S.T.C. 18076, sigs. UU_8v-XX_1. Cited hereafter as *"English Works."* Rastell's text of the prayer is reproduced below on pp. 205–206. It should be noted that, when we speak of Rastell as directly responsible for texts in the 1557 edition, we do so only for convenience' sake. Most probably, he acted only as its entrepreneur, contributing the magnificent preface and overseeing the publishing.

Tabula.

Finis presentis tabule.

Catalogus et ordo codicum.

A B C a b c d e f g h i k l m n o p q r s t v x y z & ꝛ aa bb. Omnes sunt quaterni preter aa qui est ternus/& bb qui est duernus.

Expliciūt Hore beate Marie/secundū vsum Sarū/totaliter ad longum/cū multis pulcherrimis orationibus et indulgētijs iam vltimo adiectis. Impresse Parisijs in edibus Francisci Regnault Alme vniuersitatis parisiensis librarij iurati. Anno domini millesimo quingentesimo trigesimo. Die vltima Aprilis.

Colophon Page (sig. bb4), *Book of Hours*

Bibliographical Description

I. The *Book of Hours*.

Title-Page:[1] ¶ Hore beate Marie ad vsum | ecclesie Sarisburiensis. | ¶ Anno.M. ccccc.xxx. | [woodcut of Tree of Jesse] ¶ Uenundan*tur* Parisijs apud Francis- cu*m* | Regnault / in vico sancti Iacobi / ad signu*m* | Elephantis. | All within a woodcut border, which contains the date 1525 in its left and right margins.

Format and Signatures: Quarto. A-C^8, a-z^8, &^{8}, ꝛ^8, aa^6, bb^4. Folio numbers do not begin until sig. a_1. They then run consecutively from j to ccvj. The final gathering (bb) has no folio numbers. The following irregularities occur: A_2 mismarked B_2, fol. xviij unnumbered, fol. clxv misnumbered lxv, fol. clxxvj misnumbered lxxvj. The full page measures 202 mm. x 135 mm. The type page measures 162 mm. x 100 mm.

Colophon (sig. bb_4): ¶ Expliciu*n*t Hore beate Marie / secundu*m* vsum Saru*m* / | totaliter ad longum / cu*m* multis pulcherrimis orationi | bus et indulge*n*tijs iam vltimo adiectis. Impresse Pa | risijs in edibus Francisci Regnault Alme vniuersita = | tis parisiensis librarij iurati. Anno domini millesimo | quingen- tesimo trigesimo. Die vltima Aprilis. | On sig. bb_4v is Regnault's Sign of the Elephant and beneath it the date, M.d.xxx.[2]

More's *Book of Hours* is an imperfect copy; in its present state it lacks nine signatures (sigs. f_1-o_8), or 72 leaves (fols. xlj-cxij), which may have been lost when the volume was bound or rebound.[3] Whether or not these missing pages contained further marginalia by More we shall probably never know, but other hands than his have been at work elsewhere in the volume. Inside the front binding, on a pasted down leaf which may originally have been a fly-leaf,[4] is written "Liber quonda*m* Thomae Mori militis in multis locis manu

1. See facsimile p. 1.

2. Only one other copy of this edition (S.T.C. 15963) is now known (Bodleian Library, Gough Missal 117). It is described in Edgar Hoskins, *Horae Beatae Mariae Virginis* (London, 1901), No. 89. Hoskins mentions another copy sold at Sotheby's as lot 485 on July 29, 1886. See also Hanns Bohatta, *Bibliographie der Livres D'Heures* (Wien, 1924), No. 1143, following a listing in *Serapeum, 2,* 239. The last two references may, however, refer to Hoskins No. 93, another quarto *Book of Hours* published by Regnault in 1530. The description in the Sotheby sale catalogue (p. 41) indicates that this copy could not have been More's: "wants part of Fiiii, Ni and ii, Rviii and Sv, blue morocco extra, gilt gaufré edges, old style."

3. The Bodleian copy is also imperfect. It lacks the final leaf (bb_4) and the ꝛ signature is bound before the & signature instead of after it.

4. See the illustration, p. xvi. These lines are written over a number of scratched-out words, some of which can still be deciphered. At the upper left are the words "i*n* gratitudo in pios." Between the second and third lines of the inscription can be read "tu plan . . . . where eu*er* etc."; a line below begins with the letters "Som . . . . " The hand which wrote these canceled lines appears

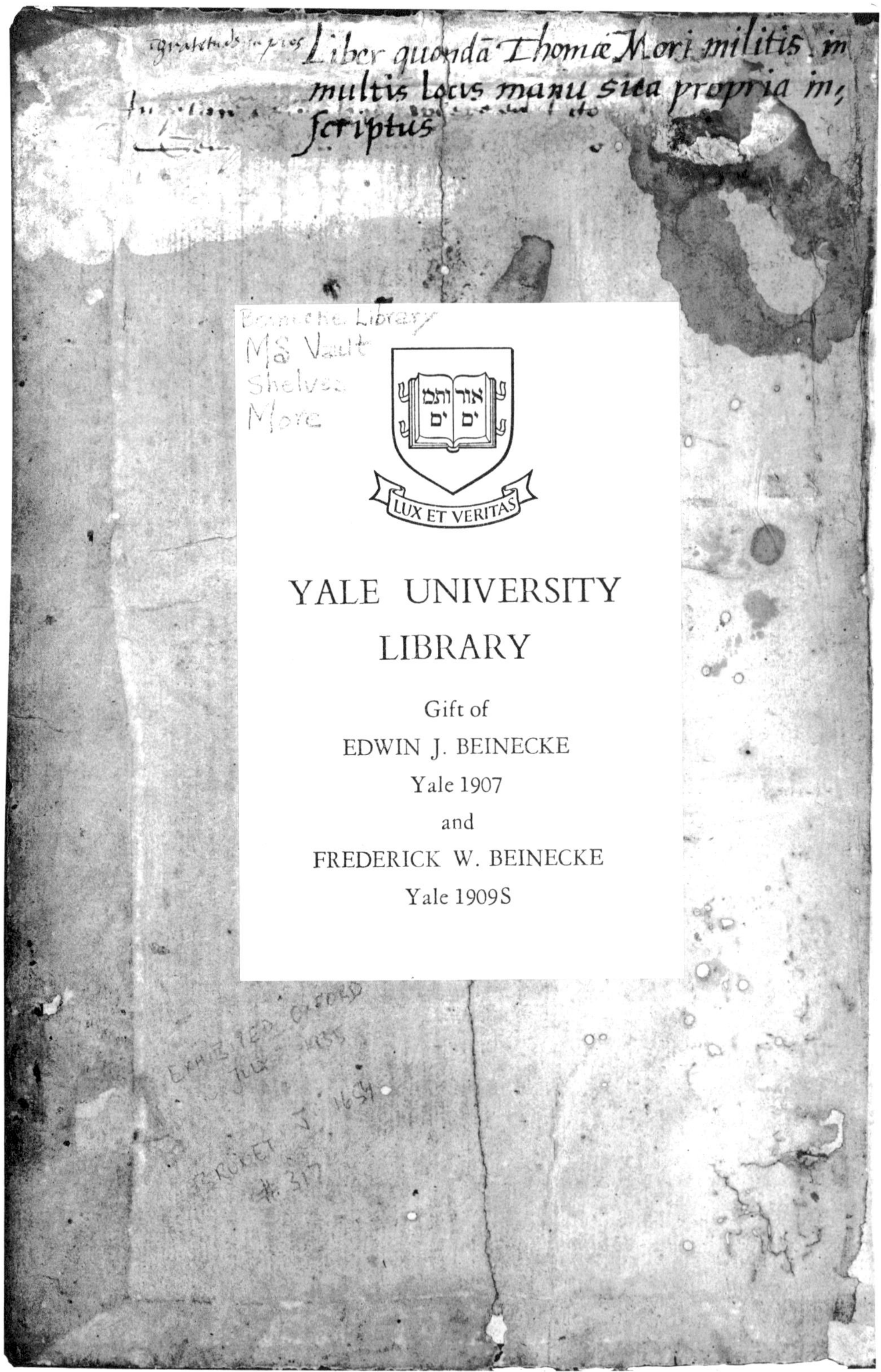

Inside Front Cover

sua propria inscriptus,"[1] and the same hand has penned the words "Refugium meum dominus" across the bottom of the title page.[2] Another hand has made a number of additions and corrections in the text throughout the *Book of Hours*. Thus at sig. c_1v, line 6, the words "Maria plena gratiae & c." are added, and the running head on sig. c_8v is changed (correctly) from "tertiam" to "sextam." Since these changes are usually made in letters which imitate the shape of the letters in the printed text, it is possible that at least some of them may have been printer's corrections.[3]

II. The *Psalter*.

Title-Page:[4] Sancta trinitas vnus deus miserere nobis. | ¶ Psalterium cum Hymnis | secundum vsum & consuetudinem | Sarum et Eboracensem. | [Woodcut showing device of the Trinity] Fortuna opes auferre: non animum potest. |

Format and Signatures: Quarto. ✠^{8}, a-s^8, t^4, A-D^8, E^4. The *Psalter* is actually in two parts, the psalms proper running from fol. j to fol. cxlviij (sigs. a_1-t_4, after the preliminary ✠ signature containing the calendar) and a hymnal ("Sequuntur hymni etc.") occupying sigs. A-E (36 leaves). The folio numbers commence again with j on A_1 and run consecutively to E_4 (fol. xxxvj). Signature C_4 is mismarked B_4 in the hymnal. The full page measures 202 mm. x 130 mm., the type page 150 mm. x 96 mm.

Colophon (sig. E_3v): ¶ Explicit Psalterium cum antiphonis dominica = | libus & ferialibus suis locis insertis / vna cum | hymnis ecclesie Sarum et Eboracensem. deser = | uientibus. Impressum Parisius Expensis | & sumptibus honesti mercatoris Francisci | Byrckman. Anno virginei partus. M. ccccc. | xxij. Die vero .vij. mensis Iunij. | Signature E_4 is blank; signature E_4v contains the device of Francis Byrckman.[5]

---

to be the same hand that penned the passage on "Idolatry" which is found on one of the end papers bound into the volume (see below). The Beinecke bookplate on the inside cover does not conceal any handwriting.

1. "Once the book of Thomas More knight, inscribed in many places with his own hand." The phrase "in multis locis" probably refers to More's annotations in the *Psalter* as well as to the English prayer in the *Book of Hours*.

2. These words probably echo Psalm 31:7, "Tu es refugium meum a tribulatione quae circumdedit me," a verse which More annotated in his *Psalter*. See facsimile p. 62.

3. There are about two dozen corrections in all, running from sig. a_8v to sig. y_8. All except the last are in brown ink, in contrast to the black ink which More used for his English prayer. The longest addition comes at the foot of sig. d_4v where the following lines are written:

> Summa Deum pietas nostreque iniuria culpae
> factum hominem saeuam iussit adire crucem.

4. See facsimile, p. 23, which reproduces the title page in the other Yale copy described below.

5. See the illustrations, pp. xviii and xxii.

Tabula hymnor[um].

¶ Explicit Psalteriũ cũ antiphonis dñica-libus & ferialib⁹ suis locis insertis / vna cũ hymnis ecclesie Sarũ et Eboracẽ. deser-uientibus. Impressum Parisius Expẽsis & sumptibus honesti mercatoris Francisci Byrckman. Anno virginei part⁹. M. ccccc. xxij. Die vero. vij. mensis Junij.

Colophon Page (sig. E3v), *Psalter*

More's *Psalter,* like the *Book of Hours,* is now imperfect. It lacks the first signature (✠$^{1-8}$, including the title page), all of the r, s, and t signatures (fols. cxxix-clij) and the final leaf (E_4). Another copy of this same edition at Yale is complete[1] and it has been used for the facsimiles of the title page and sig. E_4v.

Bound into More's prayer book after the *Psalter* are five nonconjugate leaves. Four of these are blank, but the middle leaf contains a paragraph (not in More's hand) which quotes and enlarges upon St. Augustine's definition of idolatry. Pasted inside the back cover is a single leaf which gives the opening verses for a sequence of five psalms (21, 19, 73, 97, and 110). These lines are in More's autograph, but we have not been able to discern any special significance in this arrangement of these particular psalms. The first three were annotated by More in the *Psalter* earlier, but he has no marginalia on numbers 97 and 110.

III. The Binding.

The front and back covers of the prayer book are an original English blind-stamped binding of the sixteenth century. The spine has been rebacked in nineteenth-century calf. Both the covers have been much battered and there is extensive wormholing.[2] The ties of the metal clasps have been broken off, but the four studs are still attached to the covers. Although the designs of the rolls on the covers are now very faint, it is possible to identify them as corresponding, in this combination, with a binding recorded in 1534.[3] The prayer book binding can thus be safely assigned to the period 1530–1540, even if we cannot be sure that the *Book of Hours* and *Psalter* were bound together when More used them in the Tower. The two books may have been bound together then, but the fact that each work now lacks a considerable number of pages tends to indicate a later binding before or during which these signatures were lost. The marginalia themselves are of no help here, for the English prayer contains no reference to the *Psalter* and the *Psalter* annotations do not refer to the *Book of Hours.*

1. The call number is Mrm 74, 1522. Two other copies of this 1522 edition (S.T.C. 16260) by Byrckman are known, one in the Bodleian Library and the other in the Cambridge University Library.

2. There are also a number of wormholes in the pages of the *Book of Hours* and *Psalter,* but these rarely affect the printed texts and never obscure the text of More's marginalia. On the facsimile photographs these holes appear as white dots on the pages, each of which was backed with white paper before photographing.

3. The borders are Oldham, SW. b (6), 949 (Plate LVI), a strapwork pattern, and the rolls used in the panels are Oldham, FP. g (2), 686 (Plate XLII), a foliage design. See J. Basil Oldham, *English Blind-Stamped Bindings* (Cambridge, 1952), p. 47, who records only one example of this combination.

Thomas More's Prayer Book, Spine and Back Cover

IV. The Printers.

Both Francis Regnault and Francis Byrckman were well-known printers and stationers who lived for some years in England during the early sixteenth century.[1] Byrckman was a native of Cologne, one of a large family of stationers who had their headquarters in Antwerp. He is first mentioned in 1504, when he issued a Sarum missal[2] in partnership with Gerard Cluen of Amersfoordt. His business expanded rapidly after 1510 as he specialized more and more in Sarum service books, most of which, like the 1522 *Psalter,* were printed on the Continent for him and imported into England. Byrckman had a London shop in St. Paul's Churchyard. No book is known to have been printed for him after 1529 and he seems to have been dead by 1530, when his son, Francis the younger, returned to the Continent. Byrckman's device always contained his mark and the arms of Cologne, and he often introduced these designs into the ornamental borders of his books.

Francis Regnault began his career as a London stationer about the end of the fifteenth century. After 1518, when his father died, he issued a great number of service books from Paris for the English market. His shop, from 1523 on, was at the Rue Saint Jacques, "en face des Mathurins, à l'enseigne de lelephant."[3] Regnault's export business for the English market was severely hampered by the restrictions placed on foreign printers and on imported books in the Act of December 25, 1534;[4] his last English primer (S.T.C. 16005a and b), corrected in press to remove references to Thomas à Becket, was published in 1538. He died at Rouen between November 23, 1540 and June 21, 1541.

V. Provenance.

Except for the statement on the inside of the front cover regarding More's original possession of the prayer book, there are no other indications of ownership in the volume.[5] It is perhaps significant that when More's English prayer

1. Good accounts of both printers can be found in E. Gordon Duff, *A Century of the English Book Trade* (London, 1905), pp. xxii-xxiii, 14, and 133–34, and in the same author's *The Printers, Stationers and Bookbinders of Westminster and London from 1476 to 1535* (Cambridge, 1906), pp. 207–10 and 217–19.

2. That is, a missal according to the use of Salisbury. See p. xxv, n. 5.

3. P. Renouard, *Imprimeurs Parisiens* (Paris, 1898), pp. 313–14.

4. See Duff, *A Century of the English Book Trade,* p. xxi, and, for a full account of Regnault's plight in these years (1534–38), Charles C. Butterworth, *The English Primers (1529–1545),* (Philadelphia, 1953), pp. 165–71.

5. That the volume remained in Catholic hands during the sixteenth century is perhaps indicated by the fact that the many references in the *Book of Hours* to various popes have not been obliterated. In most of the English service books extant from this period, as in the calendar of the

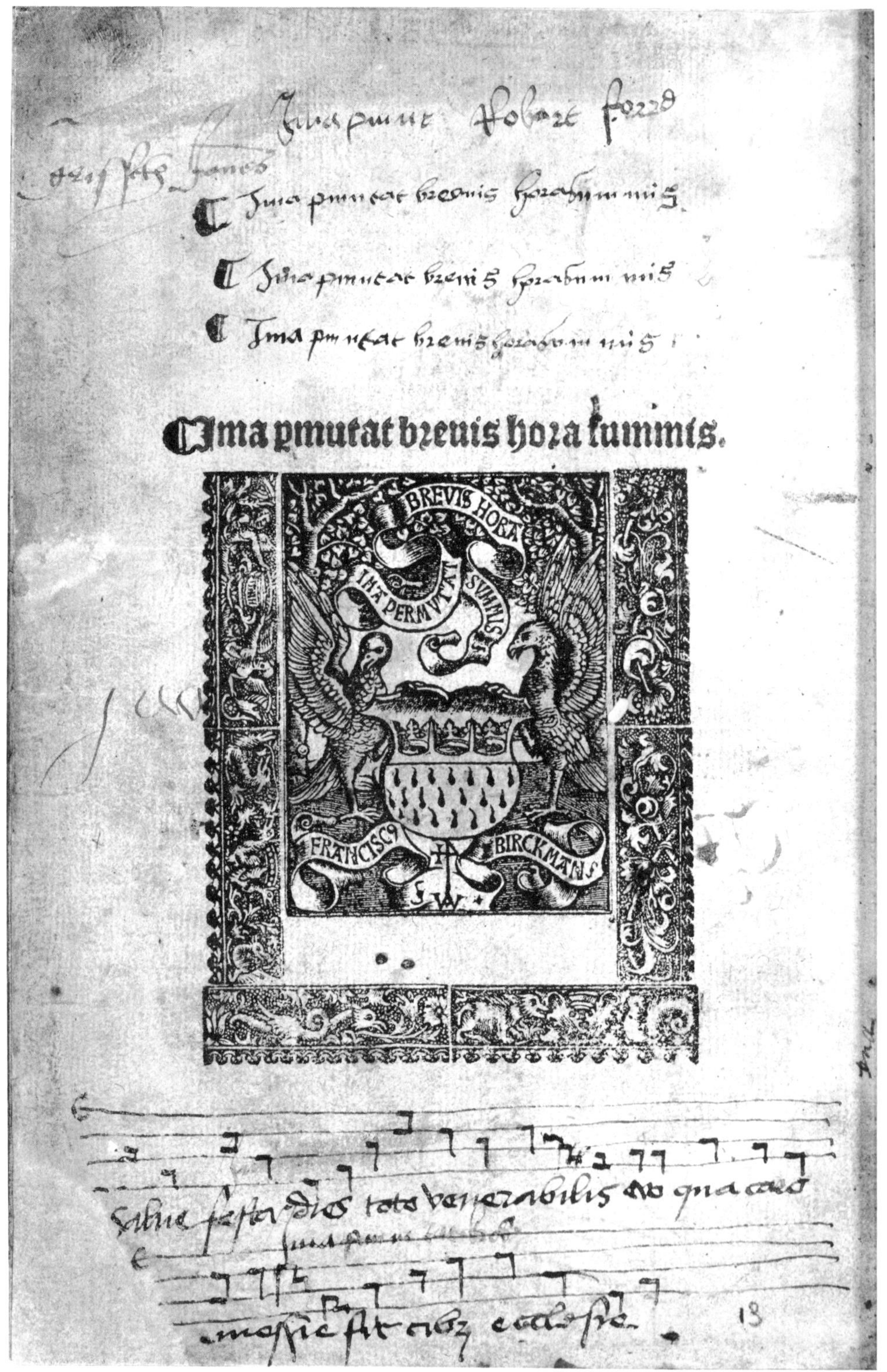

Printer's Mark of Francis Byrckman, *Psalter* (second Yale copy), sig. E4v appeared in the 1557 *English Works,* it was not said to be printed directly from either the *Book of Hours* or from a copy of the prayer in More's own hand. In all probability copies of the prayer were made by members of the More circle as soon as the prayer book left More's possession,[1] and it was from one of these copies that Rastell took his text.

The subsequent history of the prayer book is a complete blank until the twentieth century.[2] At some time before 1929 the volume came into the possession of the Feilding family, Earls of Denbigh. Through the generosity of the ninth Earl, Rudolph Feilding (1859–1939), the prayer book was included in the exhibition of More's relics and writings held at the Convent of the Adoration Réparatrice, Beaufort Street, Chelsea, in July 1929.[3] It was exhibited again at the Bodleian Library, Oxford, in 1935. After World War II it passed from the Feilding family to a continental owner, from whom it was purchased by the Beinecke Library in August 1965.

Books of Hours and Psalters

Of the two items which comprise Thomas More's prayer book, the second, his liturgical psalter, will no doubt be more familiar to the modern reader. The psalms formed a part of the Hebrew divine service in pre-Christian times, and they passed naturally from the synagogue into the liturgy of the early church. In Latin or the vernacular, they have always occupied a central position in Christian worship. St. Jerome made three successive translations of the psalter and it was his second version, the so-called Gallican Psalter, that became the standard Vulgate text. Byrckman's 1522 edition is representative in every

---

other Yale copy of the *Psalter,* references to popes and some saints are heavily inked over or scratched out.

1. We cannot be certain just when the prayer book left the Tower. The marginalia could have been written at almost any time during More's imprisonment, and the book may have remained with him until the eve of his execution, when he sent some personal belongings to his daughter Margaret. It is unlikely that the prayer book was included in the group of books which were taken away from More on June 12, 1535 by Thomas Cromwell's agents (see R. W. Chambers, *Thomas More* [London, 1935], p. 332), but it may well have been smuggled out of the Tower before that date.

2. Its existence was unknown to T. E. Bridgett *(Life and Writings of Sir Thomas More,* London, 1891), who devotes a still useful appendix (pp. 441–44) to other relics of More. In *Notes and Queries* for August 13, 1892 (8th Series, II, pp. 121–22), Bridgett gave an account of a manuscript book of hours, then in the possession of Baron von Druffel of Münster, which had once belonged to More's son John and in which were recorded the birth of a number of More children between 1531 and 1561.

3. The catalogue of the Chelsea Exhibition says that the prayer book came to the Denbighs from "the Powys family of Berwick, Shropshire." We are very grateful to Nicolas Barker for providing us with this information.

Printer's mark of Francis Regnault, *Book of Hours,* sig. bb4v respect.[1] After a preliminary calendar, which lists the feast days month by month, and day by day, it prints a two-page (sig. ✠8) exhortation "De laude / virtute / & efficacia psalmorum." The Vulgate text of the psalms follows, with running heads and interspersed rubrics indicating the season and service at which particular psalms are to be sung. Many of the psalms are introduced by antiphons, or short pieces of plainsong, with their musical staves. After the psalms proper (sigs. r_1-t_4) comes the litany, followed by a series of short prayers, and the service for the dead. The hymnal (sigs. A-E_4) gives the texts of hymns sung at principal feasts throughout the year. It concludes with an alphabetical index of first lines.

Books of hours, or primers, as they were usually called in England,[2] are much less homogeneous volumes than psalters. The basic element in all books of hours was the office of (that is, special services devoted to) the Virgin Mary, containing the psalms and hymns, with appropriate ancillary prayers and responses, which were recited and sung at the canonical hours of matins, lauds, prime, terce, sext, none, vespers, and compline. Modern research[3] has shown that this office was first developed by St. Benedict of Aniane (c. 750–821) as a supplement to the daily office of the Breviary. It spread quickly from French monasteries to England and was firmly established there by 1050. During the twelfth and thirteenth centuries it was adopted by the secular clergy for cathedral use. The service thence became popular with the laity, who used it for both public and private devotions. The first vernacular primers appear in the second half of the fourteenth century, but most of them remained at least partly in Latin until the time of the Reformation.[4] The office of the Virgin Mary, like that of the Breviary, varied from diocese to diocese in Western Europe. For England the use of Sarum dominated,[5] and it is this use which is presented in Regnault's 1530 volume.

1. For a good account of the psalter and its use in the early sixteenth century, see Helen C. White, *The Tudor Books of Private Devotion* (Madison, Wis., 1951), pp. 31–52.

2. According to the *Oxford English Dictionary*, the word "primer" probably comes from "prime," the name of the first canonical hour in the daily service. It is also true, however, that the primer was often the "first" book used by children, and the word may have originated in this fashion.

3. The standard treatment in English is that of Edmund Bishop, "On the Origin of the Prymer," in his *Liturgica Historica* (Oxford, 1918), pp. 211–37. This article originally appeared as an appendix to the Early English Text Society's edition (Original Series *105* and *109*, London, 1895 and 1897) of *The Prymer or Lay Folks' Prayer Book*, ed. by Henry Littlehales, which prints a vernacular manuscript primer of 1420–30.

4. For a fuller account, see White, pp. 53–56, and Butterworth, pp. 1–17.

5. The Sarum use prevailed in the dioceses of Canterbury and Lincoln as well as in Salisbury itself. For the history and development of the rite, see Dom David Knowles, "Religious Life and Organization," in *Medieval England*, ed. A. L. Poole, (2 vols. Oxford, 1958) *2*, 382–438, especially pp. 394–95. Other uses in Britain were those of York, Hereford, and Bangor. A York book of hours printed in 1536 (S.T.C. 16106) has been edited for the Surtees Society, *132* (1920).

But the "little hours of the Virgin," as they were popularly called, form only a small part of most books of hours. By the middle of the tenth century a number of other services and series of prayers had become associated with the office of the Virgin. These features soon came to be considered as essential elements, and thus liturgical historians find that most extant books of hours are built up around the following group of core materials:

I. The Hours of the Virgin
II. The Seven Penitential Psalms (Vulg. 6, 31, 37, 50, 101, 129, 142)
III. The Fifteen Gradual Psalms (Vulg. 119–133)
IV. The Litany
V. The Office of the Dead, together with the Commendations which follow it.[1]

To these elements were added, from time to time, and from diocese to diocese, a vast body of additional prayers and sundry devotions for particular occasions. Moreover, since most books of hours were the personal possessions of the laity, they were often richly illuminated and ornamented for their wealthier owners. Some of the surviving manuscript examples are priceless works of art.

More's printed book of hours is a typical specimen, and a brief description of its contents will illustrate the traditions of popular devotion which it represents. Although most of the prayers, psalms, and other material that it contains are in Latin, they are often introduced by English titles and rubrics.[2] The volume opens with a calendar, tables of movable feasts and of the phases of the moon, and a few pages on the signs of the zodiac and the four humors. Then comes the opening chapter of the Gospel of St. John, followed by the first chapters of Luke, Matthew, and Mark and then the Passion according to St. John. The next item is a series of *suffragia,* or prayers for special occasions—one prayer "to be sayde or ye departe out of your chambre," for example, and another to be offered "whan thou shall receyue the sacrament," the collection filling about 14 pages (sigs. C_2-C_8). The office of the Virgin begins on sig. a_1; interwoven with it is the supplementary *Horae de Cruce* (Hours of the Cross). After the office another collection of suffragia is introduced (sigs. e_5-g_7v), including several to which large indulgences are attached.

1. The classifications used here are basically those of V. Leroquais in his Introduction (vol. 1) to *Les Livres d'heures manuscrits de la Bibliothèque nationale* (4 vols. Paris, 1927–43). See also P. Lacombe, *Livres D'Heures Imprimés Au XVe Et Au XVIe Siècles* (Paris, 1907) and Hoskins' Introduction to his *Sarum and York Primers.*

2. The first printed primer in English was a Protestant work of 1529, but no copy is now extant (Butterworth, p. 17). During the 1530s several bilingual books of hours appeared, including one published by William Rastell in 1532 (S.T.C. 15976; the only known copy is in the Cambridge University Library). Rastell's volume also contains several prayers composed by More's friend, Cuthbert Tunstal, the Bishop of Durham.

The Fifteen O's[1] of St. Bridgit of Sweden, in Latin, occupy sigs. g_8-h_3v; they are followed by another section of special suffragia (sigs. h_4-k_8). Then come, in this order, the Hours of the Conception of the Blessed Mary (sigs. k_8v-l_1v), a further set of suffragia (sigs. l_2-p_6v), the Fifteen O's in English (sigs. p_7-q_3v), the seven Penitential Psalms (sigs. q_4-r_1v), the 15 Gradual Psalms (sigs. r_1v-r_6), the Litany and accompanying ejaculations (sigs. r_6v-s_2v), a short series of verses from the psalms called *Versus sancti bernardi*[2] (sigs. s_3-s_3v) plus a few additional prayers, the Office of the Dead (sigs. s_5-x_2), the Commendations (sigs. x_2-y_2v), the Passion Psalms (Vulg. nos. 21–30, sigs. y_3v-z_3), the Psalter of St. Jerome[3] and other prayers attributed to him (sigs. z_3-&$_3$v), the Hours of the Name of Jesus and the Hours of the Blessed Mary (sigs. &$_4$-aa_3v), and "The forme of confessyon," in English (sigs. aa_4-bb_1). A table of contents then terminates the book—a rich collection indeed, and one in which the devout layman might well find prayers to satisfy his needs on almost any occasion.

THE MARGINALIA

I. Authenticity and Date of Composition.

There can be no doubt whatsoever that both the English prayer in the *Book of Hours* and the Latin annotations in the *Psalter* are in More's own hand. The holograph nature of the "Godly Meditation" has been generally accepted since its presence in the *Book of Hours* was made public in 1929.[4] Its authenticity can be verified by comparing its paleographical features with those of More's holograph English letters now in the British Museum and Public Record Office.[5] With More's Latin hand, however, the case has been different. Until quite recently, no extensive specimen of his Latin script had

1. A very popular series of 15 prayers, each of which begins with the exclamation "O."

2. The English rubric tells the apocryphal story of "St. Bernard's Psalter": "Whan saynt Bernard was in his prayers the dyuell sayd vnto him. I knowe that therbe certayne verses in the sawter hoo that saye them dayly schall not peryshe: and he schall haue knowlege of the daye that he schall dye but the fende wolde not schowe them to saynt Bernard. Than sayd saynt Bernard. I schall dayly say the hooll sawter. The fende consyderyng that saynt Bernard scholl doe so moche profyte and good labor / so he schewed hym this verses."

3. A *cento* prayer consisting of 190 verses extracted from the psalms. This sequence may have served as a model for a Latin prayer by More. See p. xxxi, n. 6.

4. See, e.g., Chambers, p. 22.

5. These were first described and printed in Joseph Delcourt, *Essai Sur La Langue De Sir Thomas More* (Paris, 1914), pp. 317–66, and they also appear in Elizabeth F. Rogers, *The Correspondence of Sir Thomas More* (Princeton, 1947). The page reproduced here is from Rogers, no. 198, More's letter of March 5, 1534, to Henry VIII (British Museum MS. Cotton Cleopatra, E. vi. 177). For discussion of More's English and Latin hands, and a comparison of one with the other, see G. Marc'hadour in *Moreana*, no. 5 (1965), 61–71.

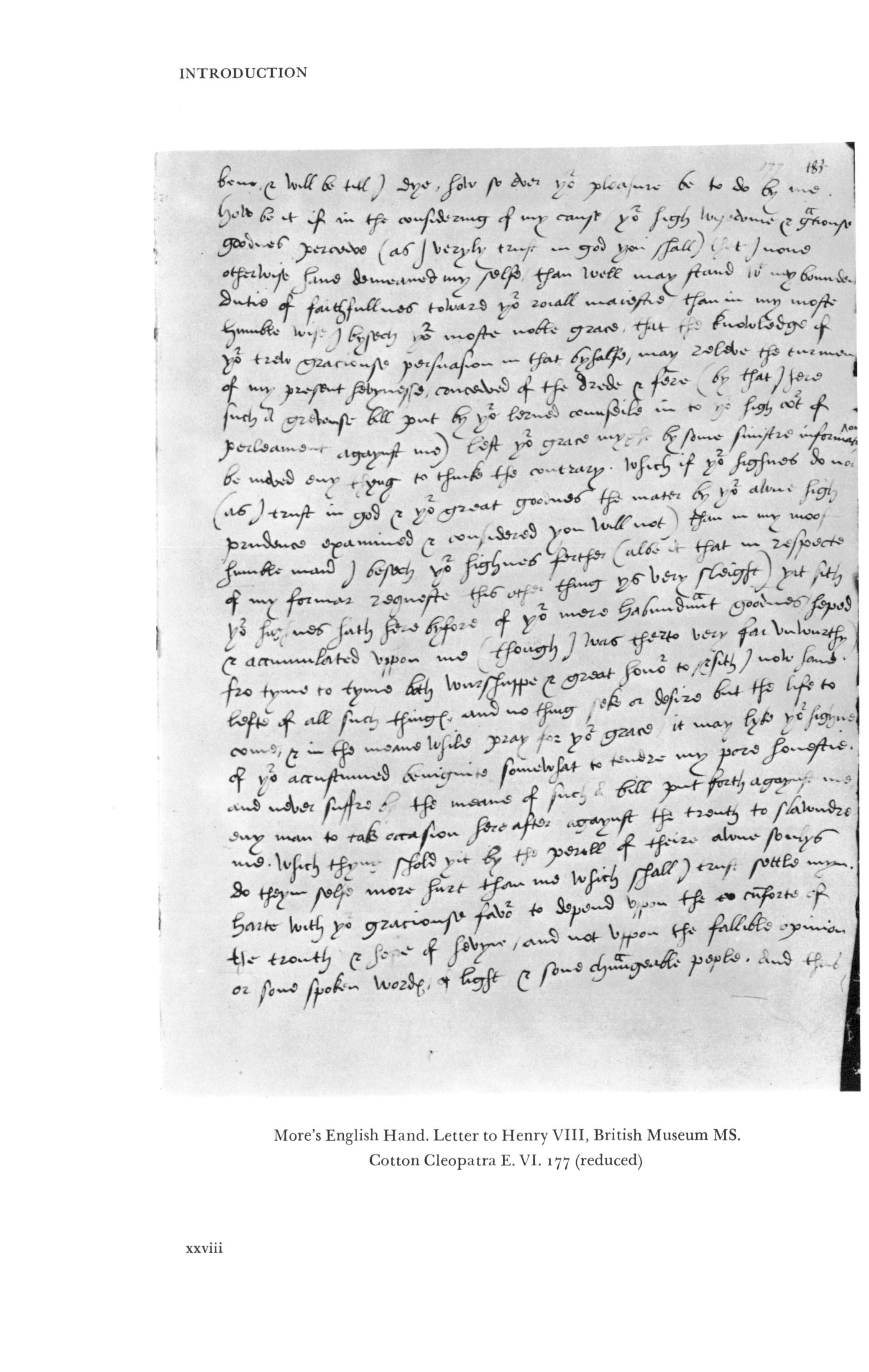

More's English Hand. Letter to Henry VIII, British Museum MS.
Cotton Cleopatra E. VI. 177 (reduced)

been accepted as authentic,[1] but the discovery in Spain of the holograph manuscript of More's *Expositio Passionis* in 1963 has remedied this difficulty.[2] Comparison of the hand of the Valencia manuscript with that which wrote the *Psalter* marginalia reveals that the two are identical.

But, even if the English and Latin hands in the prayer book are incontestably More's, can we be certain that he wrote the marginalia while a prisoner in the Tower—that is, between April 17, 1534, and July 6, 1535? Regnault's *Book of Hours* was printed four years before More's imprisonment began, and Byrckman's *Psalter* may have been in his possession as early as 1522. Could he not have written his prayer and annotations in the volumes at some time during this period? For anyone acquainted with More's deep spirituality and his constant awareness of death, the answer to this question must be, "Yes, he *could* have."[3] Yet, if the external and internal evidence is closely examined, there is every probability that the marginalia were in fact written while More was in the Tower.

First of all, with regard to the "Godly Meditation," Rastell's statement in the 1557 *English Works* cannot be taken lightly. He specifically affirms that More wrote the prayer "whyle he was prisoner in the tower of London in the yere of our Lord. 1534,"[4] and he includes it as the fourth item in a sequence of five "deuout and vertuouse instruccions, meditacions and prayers made and collected by syr Thomas More knyght while he was prisoner in the towre of London."[5] While it is true that Rastell is not always absolutely precise in his

1. A few of More's Latin letters are believed to be holograph (e.g. Rogers, nos. 139 and 142, both to Francis Cranevelt), but these date from the 1520s and are quite brief.

2. See Geoffrey Bullough, "More in Valencia: A Holograph Manuscript of the Latin 'Passion,'" *The Tablet, 217* (December 21, 1963), 1379–80; G. Marc'hadour, "Au Pays de J. L. Vivès: La plus noble relique de Thomas More," *Moreana,* nos. 9 (1966), 93–96, and 10 (1966), 85–86; and Clarence Miller, "The Holograph of More's *Expositio Passionis:* A Brief History," *Moreana,* nos. 15–16 (1967), 372–79. Two pages (fols. 158 and 159^v) from this manuscript, now in the Royal College of Corpus Christi in Valencia, are reproduced here. More quotes from the *Psalter* on each of these pages. The entire manuscript is being edited in facsimile by Professor Miller for the Yale Edition of More's Works (vol. 13, pt. 2).

3. As Father Marc'hadour has well said, the English prayer "contains no sentence beside which it would be hard to place some passage from More's earlier writings, equally stark and thoroughgoing . . . . For More, every day was doomsday" *(Moreana,* no. 5 [1965], 60).

4. Rastell follows the normal practice in Tudor England when he makes the year begin on Lady Day, March 25. His "1534" thus covers the period between March 25, 1534, and March 24, 1535, in modern reckoning.

5. *English Works,* sigs. UU_8v and UU_3 (mismarked XX_3). The "Deuout Instruccions" occupy sigs. UU_3-XX_2, and the five items seem to have been arranged in what Rastell considered to be their order of composition. The first two and the fourth (the "Godly Meditation") are dated 1534; the third (More's *cento* prayer discussed below) is not given a year date, and the final item is dated 1535. All five of the prayers are being edited by Garry E. Haupt in the Yale Edition (vol. 13, pt. 1).

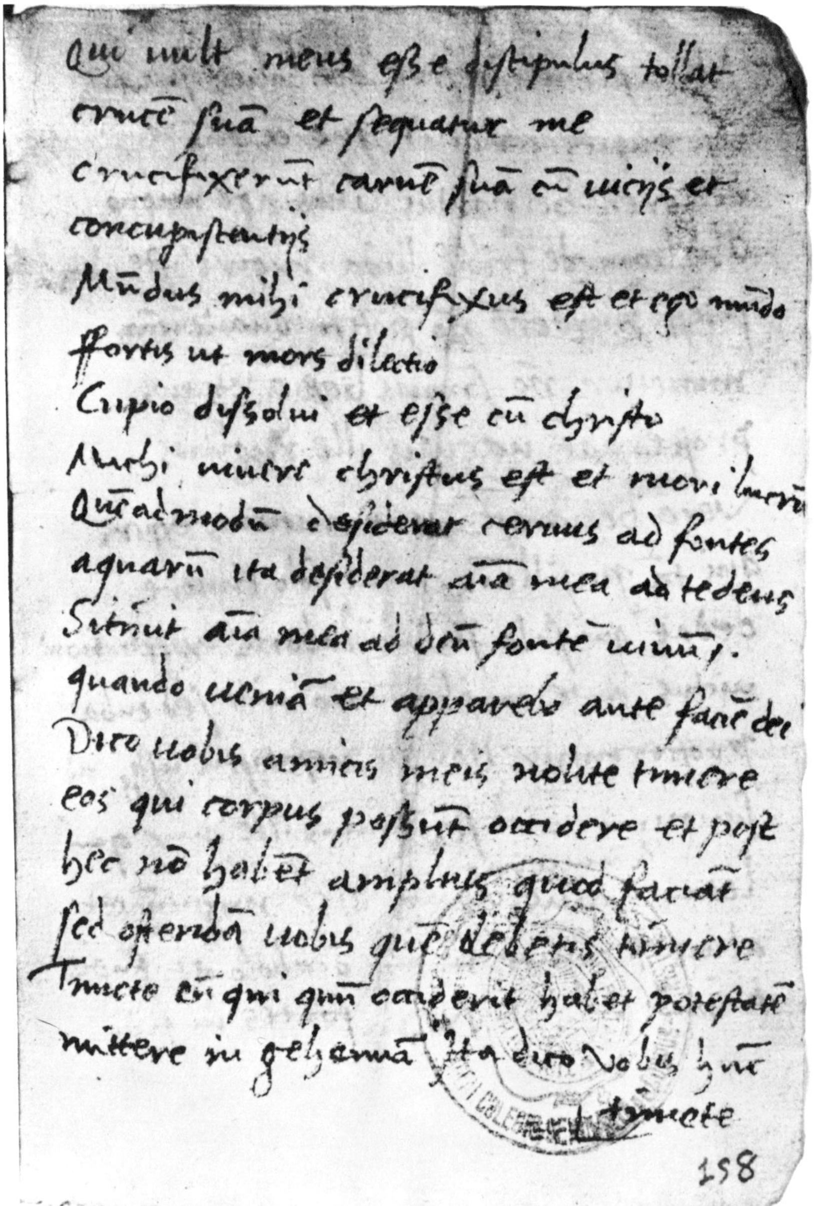

More's Latin Hand, Valencia Manuscript, fol. 158

assignment of dates for More's writings,[1] he is, on the whole, remarkably accurate.

Secondly, we should note that the second of the five "Deuout Instruccions" is also found, with its sections arranged in a different order,[2] in the final gathering of the Valencia manuscript of the *Expositio Passionis,* a work which Rastell declares to be the very last of More's writings in the Tower: "Syr Thomas More wrote no more of this woorke: for when he had written this farre, he was in prison kepte so streyght, that all his bokes and penne and ynke and paper was taken from hym, and sone after was he putte to death."[3]

Thirdly, on sigs. a_5v, a_6, a_6v, and a_7 (fols. v^v-vij) More marked certain verses of Psalm 9 with a series of letters which run from "a" to "p" but which are not arranged in strict alphabetical sequence.[4] The letters suggest that the annotator is planning to arrange the verses of the psalm in an order different from that of the text itself. At the same time, he appears to be selecting what seem to him to be appropriate verses either for his meditation or for a prayer of his own which he is composing. Now, that More did in fact design such a composite (or *cento*)[5] prayer we know from the 1557 *English Works,* where Rastell prints, as the third of the "Deuout Instruccions":

> A deuoute prayer, collected oute of the psalmes
> of Dauid, by sir Thomas More knighte (while
> he was prisoner in ye tower of London) whereunto
> he made this title folowing.
>
> *Imploratio diuini auxilij contra tentationem;*
> *cum insultatione contra daemones,*
> *ex spe & fiducia in deum.*[6]

1. The English *Treatise on the Passion,* which Rastell says was composed in the Tower, is now known to have been written at least in part before More's imprisonment. See *St. Thomas More: Selected Letters* (New Haven, 1961), p. 185. For a general evaluation of Rastell's reliability, see *The History of King Richard III,* ed. R. S. Sylvester, vol. 2 of the Yale Edition (New Haven, 1963), pp. xxix-xxxii.

2. Professor Miller informs us that there is no way in which the leaves of this last gathering could have been rearranged so as to produce the sequence of sentences found in the 1557 text. Rastell's (or an earlier copyist's) editorial reconstruction of the prayer thus seems well established. In Professor Miller's opinion, the final gathering of the Valencia MS. was almost certainly written *before* the earlier gatherings which contain the *Expositio Passionis.*

3. *English Works,* sig. UU_2v; see also Rastell's similar comment at sig. QQ_7v.

4. For the actual order, see the transcription, below, pp. 190–91.

5. *Cento* poems seem to have originated with the *cento nuptialis* of Ausonius in the fourth century. Their use in the liturgy is rare, but see the next note.

6. *English Works,* sig. UU_4. The prayer, which runs to sig. UU_8v, begins with verses from Psalm 3 and ends with the whole of Psalms 62 and 66. The Psalter of St. Jerome, included in More's *Book of Hours,* may have provided a distant model for More's prayer. It contains 190 verses, beginning with Psalm 5 and ending with Psalm 142. No psalm is selected in its entirety, and no reordering of verses occurs.

More's Latin Hand, Valencia Manuscript, fol. 159v

Rastell's statement that More himself devised the title to this composite prayer becomes especially significant when we turn to the *Psalter* marginalia, for the phrasing of the title corresponds exactly with several of More's annotations for particular psalms. Thus Psalm 58:2 is marked, "Imploracio auxilij contra uel demones uel malos homines"; at Psalm 3:7, which also forms the sixth verse of the cento prayer, More wrote, "Insultatio contra demones"; 19:8, 56:2, and 72:28 are marked, "fiducia in deum," and 26:13, "spes et fiducia." It is clear, from these and from many other examples, that the themes of the cento prayer are linked directly with those which concerned More most closely as he annotated his *Psalter*.

But the correspondence between cento and *Psalter* does not stop with these thematic similarities. The first verse in the 1557 prayer is Psalm 3:2, which is also the first verse annotated by More in the *Psalter* (sig. a_2).[1] In addition, More has run his pen down the margin on this page, indicating that his note on 3:2 also covers the third and fourth verses of the psalm. The line touches the top of verse 5 but does not include it. The cento prayer begins with Psalm 3:2–4; it skips verse 5 but includes verses 6 and 7, both of which are separately annotated by More in the *Psalter*. Again, after 3:7 the cento prayer skips to 5:9–13, all of which it includes; in the *Psalter* More annotates 5:11, but his line down the margin stretches from 5:8 to 5:13 (sig. a_3).[2] Or, to take just one more example, all of Psalm 12 is included in the 1557 prayer. More's note in the *Psalter*, "Qui scrupulum habet in confessione et animo suo non satisfacit precetur hunc psalmum," obviously singles out the whole psalm, and not merely its opening verse, for special attention.

Patterns like these, either duplicating exactly or approximating closely the sequence of verses in the cento prayer, can be found at many places in the *Psalter* marginalia. But the most striking instance occurs with the sequence of letters next to Psalm 9, referred to above. The order of the verses from the psalm in the cento prayer[3] is as follows in this instance: 9:14, 9:11, 9:10, (10):1,[4] 9:19, (10):12, (10):14, (10):17, 10:5. In the *Psalter* the verses are marked in the following fashion:[5] 9:14 [a], 9:11 [b], 9:10 [c], (10):1 [g, with an "e" canceled before it], 9:19 [d], (10):12 [h], (10):14 [i], (10):17 [k], 10:5 [m and

1. On the preceding pages (sigs. a_1–a_1v) More made six *nota bene* marks in the margin, but his note on 3:2, "anima resipiscens a peccato," are the first actual words he wrote in the book.

2. Psalm 4:7 is annotated in the *Psalter*, but this verse is not included in the cento prayer, which does, however, employ Psalm 4:9–10, placing the verses after Psalm 7:18.

3. *English Works*, sig. UU_5.

4. For convenience, the numbering of the modern Vulgate, which breaks Psalm 9 into two parts and designates the second as "Psalm (10)," is employed here. The Massoretic text and most modern versions divide the psalm as Psalm 9 and Psalm 10.

5. Each of More's letters is given in square brackets after the psalm and verse numbers.

n, for the two consecutive parts of the verse]. As can readily be seen, the "overlay" here is too close to be accidental, even though the texts do not correspond exactly.[1] It would appear that during 1534 or early 1535 Thomas More worked out in his prayer book a tentative sequence for the composite psalm which Rastell eventually printed in 1557. In all likelihood, More either later made a more definitive list of the verses he wished to select or copied out the actual verses, indicating, as he did so, the order in which he desired them to be presented. Perhaps Rastell, working from this copy, with or without access to the prayer book itself, then devised the sequence as it was published in the *English Works*.[2]

Finally, many of the annotations themselves provide internal evidence suggesting the particular problems and circumstances of Thomas More during the last years of his life, and, specifically, during the time of his imprisonment. Four of the notes specifically mention prison, suggesting the suitability of a particular psalm for an "incarcerated" man.[3] Furthermore, the word *tribulatio* occurs, in various forms, no less than 27 times, as in the phrase *in tribulatione et timore mortis* ("in tribulation and fear of death"). Now this word, especially in such a phrase as *solacium in tribulatione,* is bound to suggest a relation with More's *Dialogue of Comfort Against Tribulation,* a work that bears every indication of having been composed in the Tower, during the last year or so of More's life. This relation becomes even more striking when we remember the dramatic situation in which More has cast his *Dialogue of Comfort,* with the setting in Hungary, where two Hungarians, nephew and uncle, discuss the problems of tribulation under the immediate threat of conquest and persecution by the Turks. It is clear that under this guise More is

1. The variations should be carefully noted: More's sequence of letters begins (sig. a5v) with the capital letter *E* opposite 9:7, a verse which is not included in the cento prayer. Verses (10):7 and (10):9, each marked with *ff* by More, do not appear in the cento, although the absence of the latter can be explained by the recurrence of this verse at Psalm 10:5, which is marked with an *m* and *n* by More. More also puts an *l* after 10:3 and an *o* and *p* after 10:6 and 10:7, respectively; none of these verses occur in the cento prayer.

2. The relationship between the *Psalter* marginalia and the cento prayer of *1557* will be discussed in full detail in vol. 13, pt. 1 of the Yale Edition. The following list gives the order of the verses in the 1557 text for the reader who may wish to compare it with the facsimile pages: 3:2–7; 5:9–13; 7:2–3, 7:7, 7:6, 7:13–18; 4:9–10; 9:14, 9:11, 9:10, (10):1, 9:19, (10):12, (10):14, (10):17, 10:5; 11:6; 7:2; 12:1–6 (the whole psalm); 15:1–2; 16:5, 16:7; 15:8–9; 17:29–32; 21:7–8, 21:10–12, 21:20; 22:4; 24:1–3, 24:7, 24:11, 24:15, 24:17–18; 26:3–4, 26:7–9, 26:13–14; 27:1; 29:5–6, 29:8–10; 30:2–6, 30:10–18, 30:20; 32:18–22; 33:6, 33:8–11, 33:19; 35:8–10; 37:2–23 (the whole psalm); 38:2–14 (the whole psalm); 39:5–6, 39:12–14, 39:17–18; 41:2–12 (the whole psalm); 45:2–6; 50:3–21 (the whole psalm); 54:2–7, 54:23; 61:2–4, 61:6–13; 62:2–12 (the whole psalm); 66:2–7 (the whole psalm).

3. 24:15, 68:34, 83:2 and 87:5. The references given here and in subsequent notes refer to the psalm and verse (Vulgate numbering) next to which More's marginalia are written.

implying the threat to certain Christian doctrines and to certain Christians closer home, under the power of Henry VIII.[1]

Among More's annotations to the Psalms are six references to verses to be used *contra turcas*:[2] "against the power of the Turks." The most striking of these may be translated, "to be said in [time of] tribulation by the faithful among the Hungarians when the Turks grow strong and many Hungarians fall away into the false faith of the Turks." This long comment about the "Hungarians" occurs at the beginning of the following strongly marked passage from Psalm 68 (7–21):[3]

> Let them not be ashamed upon me, which expect thee, O Lord, Lord of hosts,
> Let them not be confounded upon me that seek thee, O God of Israel.
> Because for thee have I sustained reproach, confusion hath covered my face.
> I am become a foreigner to my brethren, and a stranger to the sons of my mother.
> For the zeal of thy house hath eaten me: and the reproaches of them that reproached thee fell upon me.
> And I covered my soul in fasting: and it was made a reproach to me.
> And I put haircloth my garment: and I became a parable to them.
> They spake against me that sat in the gate; and they sung against me that drank wine.
> But I [make] my prayer to thee, O Lord, [in] a time of thy good pleasure, O God.
> In the multitude of thy mercy hear me, in the truth of thy salvation.
> Draw me out of the mire, that I stick not fast: deliver me from them that hate me, and from the depths of waters.
> Let not the tempest of water drown me, nor the depth swallow me: neither let the pit shut his mouth upon me.
> Hear me, O Lord, because thy mercy is benign; according to the multitude of thy commiserations, have respect to me.
> And turn not away thy face from thy servant: because I am in tribulation, hear me speedily.

1. For a fuller discussion, see Louis L. Martz, "The Design of More's *Dialogue of Comfort*," *Moreana*, nos. 15–16 (1967), 331–46, especially pp. 339–41.

2. The total is seven if one includes the reference to "Mohammed" at 79:14. The other marginalia occur at 16:18, 68:7, 79:4, 82:2, 84:2, and 93:2.

3. All of the English translations of the psalms given here are taken from the Douay-Rheims version of 1609, which was based directly on the Vulgate text. We have modernized spelling and punctuation.

> Attend to my soul, and deliver it: because of mine enemies, deliver me.
> Thou knowest my reproach, and my confusion, and my shame.
> In thy sight are all they that afflict me: my heart hath looked for reproach and misery.
> And I expected somebody that would be sorry together with me, and there was none: and that would comfort me, and I found not.[1]

Can we doubt that Thomas More, as he meditates upon this psalm, is thinking of the problems of faith and infidelity in England, as well as in Hungary? These annotations concerning the "Turks" seem to provide the germ from which the dramatic setting of the *Dialogue of Comfort* has developed.

Further relationships between the annotations and More's personal situation will be considered in the following section. From the evidence thus far presented, however, we may say that the authenticity of the marginalia in both *Psalter* and *Book of Hours* is firmly established and that there is every probability that they date from the period of More's imprisonment in the Tower.

II. Placement, Content, and Significance.

Thomas More's marginalia in the *Book of Hours* portion of his prayer book consist solely of the 37 verses which compose his "Godly Meditation." The first 36 verses of this psalm-like prayer are written, two verses per page, in the top and bottom margins of 18 consecutive pages (sigs. c_1-d_1v, fols. xvij-xxv^v). The final long verse, which forms a kind of coda to or commentary on the prayer proper, is placed at the bottom of sig. d_2 (fol. xxvj). More's choice of the pages upon which he placed his prayer was by no means accidental: the leaves that it covers comprise exactly the hours of prime, terce, and sext (6:00 A.M., 9:00 A.M., and noon) in the office of the Virgin; moreover, the printed text includes not only the prayers, hymns, and psalms said in that office, but also the additional devotions known as the Hours of the Cross *(Horae de Cruce)* which were usually appended to it. The first page of prime bears a large woodcut of the nativity scene (sig. c_1), and it is thus with the birth of Christ that More's own prayer commences, "Gyve me thy grace good lord." The last verse of More's prayer, excluding his coda, is placed at the foot of the final page (sig. d_1v) for the hour of sext, which shows a woodcut of Christ carrying His cross. The text reads, "Hora sexta iesus est cruci conclauatus" (at the sixth hour Jesus was nailed to the cross), and the page concludes with a prayer that Christ's death may save the sinner. By being written in psalm-like pairs, one half at the top of a page and the second half at the bottom,

1. It is important to note that More's marginal line stops just before verse 22, for this verse is reserved for Christ: "And they gave gall for my meat, and in my thirst they gave me vinegar to drink."

More's psalm, as we might well call it, thus gives the effect of embracing all the events of Christ's life, from birth up to the beginning of the crucifixion at the sixth hour.

This point emerges clearly if we read the prayer through, noting the pictures in the *Book of Hours* which More's lines enclose. Here is a modern-spelling version of the "Godly Meditation," with the woodcuts noted as they occur in the printed text:

Give me thy grace, good Lord,
[Large woodcut of the Nativity]
To set the world at nought;

To set my mind fast upon thee,
And not to hang upon the blast of men's mouths;

To be content to be solitary;
Not to long for worldly company;

Little and little utterly to cast off the world,
And rid my mind of all the business thereof;

Not to long to hear of any worldly things,
But that the hearing of worldly phantasies may be to me displeasant;

Gladly to be thinking of God,
[Small woodcut of Jesus before Pilate]
Piteously to call for his help;

To lean unto the comfort of God,
Busily to labor to love him;

To know mine own vility [vileness] and wretchedness,
[Large woodcut of the Angel appearing to the shepherds]
To humble and meeken myself under the mighty hand of God;

To bewail my sins passed;
For the purging of them patiently to suffer adversity;

Gladly to bear my purgatory here;
To be joyful of tribulations;

To walk the narrow way that leadeth to life,
To bear the cross with Christ;

To have the last thing in remembrance,
[Small woodcut of the Crowning with Thorns]
To have ever afore mine eye my death that is ever at hand;

To make death no stranger to me,
To foresee and consider the everlasting fire of hell;

To pray for pardon before the judge come,
[Large woodcut of the Visit of the Magi]
To have continually in mind the passion that Christ suffered for me;

For his benefits uncessantly to give him thanks,
To buy the time again that I before have lost;

To abstain from vain confabulations,
To eschew light foolish mirth and gladness;

Recreations not necessary—to cut off;
Of worldly substance, friends, liberty, life and all, to set the loss
at right nought for the winning of Christ;

To think my most enemies my best friends;
[Small woodcut of Christ carrying the Cross]
For the brethren of Joseph could never have done him so much good
with their love and favor as they did him with their malice and hatred.

These minds [thoughts] are more to be desired of every man than all the
treasure
of all the princes and kings, christian and heathen, were it
gathered and laid together all upon one heap.

Thus the three large woodcuts illustrate scenes from the first part of Christ's life, while the three alternating smaller ones, which relate to the Hours of the Cross, speak vividly of its end. More's prayer wreathes itself around the group, suggesting, by the position of its verses, its central theme—the imitation of Christ's life as the greatest spiritual exercise in which the true Christian can engage.

Enclosed within the lines of More's own psalm are also the psalms that form part of this traditional service of private meditation.[1] These psalms provide the thoughts from which More's own psalm seems to arise, or which his prayer seems to include, words such as these from Psalm 117 (6–9) which occur on the third page of More's prayer:

Our Lord is my helper: I will not fear what man can do to me.
Our Lord is my helper: and I will look over my enemies.
It is good to hope in our Lord, rather than to have confidence in man.
It is good to trust in the Lord, rather than to hope in princes.[2]

1. The following psalms occur in the office for the three hours covered by More's prayer: prime, psalms 53, 116, and 117; terce, psalms 119, 120, and 121; sext, psalms 122, 123, and 124. Interestingly enough, none of these psalms were annotated by More in his *Psalter*.

2. The 1609 Douay-Rheims version translates the Latin *principibus* as "man," an error probably caused by the occurrence of the latter word in the preceding line.

As the rubric in the *Book of Hours* says with regard to Psalm 53 (sig. c_1v), lines such as these may well "teach the just man to praise God in adversity" *(docetur vir iustus in aduersis laudare deum)*. By meditation on the words of the psalmist, More strengthened himself to endure his end, reaching at last the state of mind that he witnesses in his own psalm, written on the margins of these pages.

The finished quality of the "Godly Meditation" stands in sharp contrast to the marginalia which More wrote in his *Psalter*. It may well be that the English prayer was composed after the *Psalter* annotations,[1] and that it sums up the fruits of More's meditation on the verses of the latter volume. We may be certain, in any event, that meditation on the psalms was a spiritual exercise which More himself both advocated and practiced. In the second book of his *Dialogue of Comfort* he speaks feelingly on the subject:

> Speciall verses may there be drawen oute of the Psalter, against the devilles wicked temptacions. As for example *Exurgat deus & dissipentur inimici eius, & fugiant qui oderunt eum a facie eius.* And many other, whiche are in suche horrible temptacion [to suicide] to God pleasaunt, and to the deuill verye terrible.[2]

The last two books of the *Dialogue* are in fact developed as a complex meditation on Psalm 90, with its warnings against "the fear of the night," "the arrow flying in the day," and "the business walking in the darkness." More knew the psalms thoroughly, perhaps almost by heart, and his works are tesselated with quotations from or allusions to them.

The *Psalter* portion of the prayer book contains 151 verbal annotations on the text of the psalms.[3] More's first comment refers to Psalm 3:2, his last to Psalm 105:37. Psalm 30 receives six annotations, Psalms 26, 34, 54, 68, and 72 five each; Psalms 24, 55, 56, and 70 are annotated four times and Psalms 3, 7, 21, 48, and 67 three times. Many other psalms carry two annotations. At least seven of the marginalia[4] definitely refer to whole psalms and another six[5] probably do. But these marginalia, taken by themselves, do not tell the whole story of how More used his *Psalter*. In addition to his verbal comments on the psalms, he also drew lines down the margin of the text, indicating that the

1. Such an order of composition is indicated by Rastell's arrangement of the "Deuout Instruccions" in the *English Works*, where the cento prayer immediately precedes the "Godly Meditation."

2. *English Works*, sig. GG_3v. More quotes Psalm 67:2. In his prayer book this verse is annotated, "contra demonum insidias et insultus."

3. The count is exact, but it does not include the 16 letters which More placed in the margin of Psalm 9.

4. 12:1, 37:2, 59:3, 61:2, 63:2, 83:2, 84:2.

5. 6:2, 29:2, 36:1, 58:2, 68:2, 82:2.

verses so marked were to be specially emphasized. Sometimes these vertical strokes relate directly to one of the marginalia; in other cases they either appear in isolation or are combined with More's other mark of emphasis, a flag-like figure which appears frequently in various shapes and sizes. In many cases this latter mark resembles a musical note, similar to those which occur in the musical staves of the *Psalter* text. Conjecture here becomes mildly whimsical, but it might be suggested that the flags were modeled by More, with a typical play of wit, on the musical "notes" of his prayer book.[1]

More's vertical lines and flags in the margin begin before his verbal comments and continue for some time after the marginalia proper cease. The first flag appears on sig. a_1 (Psalm 1) and there are five on sig. a_1v (Psalm 2). More wrote his last verbal annotation on sig. l_4v (Psalm 105), but he marked 10 more pages with flags and/or marginal lines, the last mark (a single flag) coming at sig. m_8 (Psalm 118:53). Why, we may well ask, do the annotations cease and the marks dwindle off so sharply after Psalm 105? It seems most likely that More did not find the psalms in the later portion of the *Psalter* so applicable to his personal situation as the earlier ones had been. Traditionally, the 150 psalms were divided into five books on the model of the Pentateuch.[2] Modern biblical scholars analyze the psalter in various ways, but there is general agreement that three main groupings can be clearly discerned. Thus Psalms 1–40, 41–88, and 89–150 form three divisions. In the first division come most of the intensely personal psalms; in the second occur most of the national psalms (prayers in times of calamity and thanksgivings for deliverance); in the final group are found the liturgical psalms of praise or thanksgiving for Temple use. The psalms most relevant to More's own plight would thus be contained in the first two-thirds of the psalter.

This impression is borne out by the pattern which the marginalia themselves assume from about Psalm 88 to Psalm 105. In the earlier psalms More's notes speak mainly of temptation and sin, of the attacks of the *demones,* and of the effort of the individual soul to obtain spiritual consolation. "Tribulation" is a constant theme. Perhaps the climax of this movement comes with the annotation at Psalm 87:5–10:

> I am accounted with them that descend into the lake: I am become as
> a man without help,

1. N. R. Ker informs us these flag-like marks of emphasis are most unusual in sixteenth-century manuscripts. They may represent More's rendering of the monogram for "Nota" ( ) found often elsewhere. Interestingly enough, six sets of double flags occur in MS. Royal 17. D. xiv (fols. 327v, 341v, 342, 346v, 347v, and 358v), a manuscript which undoubtedly emanated from the More circle in the early 1550s.

2. The books were usually arranged as follows: Book I, Psalms 1–40; Book II, Psalms 41–71; Book III, Psalms 72–88; Book IV, Psalms 89–105; Book V, Psalms 106–150. For a discussion, see A. F. Kirkpatrick, *The Book of Psalms* (Cambridge, 1921), pp. xvii-xviii and l-lix.

Free among the dead. As the wounded sleeping in the sepulchres, of whom thou art mindful no more: and they are cast off from thy hand.
They have put me in the lower lake: in the dark places, and in the shadow of death.
Thy fury is confirmed upon me: and all thy waves thou hast brought in upon me.
Thou hast made my familiars far from me: they have put me abomination to themselves. I was delivered,[1] and came not forth,
Mine eyes languished for poverty. I cried to thee, O Lord, all the day: I stretched out my hands to thee.

In the margin here More wrote the words "in tribulatione uehemente et in carcere" (in severe tribulation and in prison). Yet the very next annotation strikes a new theme that is repeated three more times before the marginalia end. At Psalm 88:7 More writes "maiestas dei" next to the verse, "For who in the clouds shall be equal to our Lord," and he uses the same words again at 95:4, 96:1, and 103:32.[2] Coupled with this group of annotations are others which reflect a similar, more public and more optimistic, strain—"ut opus prosperet deus" (89:17), "de protectione dei" (90:1), and "misericordia dei" (102:11). The progress of More's meditations, in other words, has followed that of the psalmist, out of the depths into a new trust and confidence.

This is not, however, the dominant note in the main body of the marginalia, those, that is, which refer to the first 87 psalms. The basic pattern of More's meditations can be seen in a negative way if one observes how he carefully refrains from commenting on those psalms which are not directly relevant to his personal situation. Thus he writes no notes on Psalms 1 and 2, which serve as a kind of general introduction to the psalter; he skips Psalms 8 and 18 entirely, for he is not immediately interested in their hymns of praise to the Creator. Psalm 23, an antiphonal psalm, is left unannotated, and so is Psalm 28, a commemoration of God's works. The pattern continues to develop as Psalms 32 and 33, 42 and 44, and 46 and 47 are also left without marginal comment.[3] The annotations, it appears, are the work of a man deeply absorbed in problems of personal conscience, a man "in tribulation" who struggles to reconcile his lot with his faith and his hope.

Although opinions may vary on the degree of personal, or autobiographical, relevance carried by the marginalia, there can be little doubt that at least

1. "I was betrayed" is perhaps a better rendering of the Vulgate's "traditus sum." The translation of the Jerusalem Bible makes the point even clearer: "in prison and unable to escape."

2. The phrase "maiestas dei" had not been used by More in the earlier marginalia.

3. Some of the psalms which receive no verbal annotation are of course marked with lines or flags next to particular verses, but it is nevertheless clear that More did not emphasize their import to any great extent.

some of them show us the Thomas More whom we know so well from other sources. The six annotations which emphasize the utility of the psalms against the Turkish threat have already been mentioned, as have those which specifically refer to prison. At Psalm 34:15 More speaks of the hair shirt and fasting as weapons against the taunts of the devil; both ascetic practices were daily features of his spiritual life. Several of the notes (e.g. 26:12, 64:4) recommend certain psalms as useful against "calumnia," the false accusations and slander which formed so large a part of the suffering of "the king's good servant." Other striking comments in this vein come with the series of nine "pro rege" notes,[1] some of them decidedly ironic as they suggest a contrast between the "pious and suppliant" king praised by the psalmist and the less than humble monarch for whom More could still pray. To some extent at least, as he merged his own words with those of the persecuted David, Thomas More must have been tempted to wonder if Saul too, irascible and petulant, did not reign again in the new Israel.

But the marginalia that suggest More's plight most fully to us are those which, taken with the verses of the psalm they accompany, show him reflecting on his isolation from his friends and family. Next to Psalm 30:12–14, More wrote the words "in infamia et periculo" (in infamy and danger); the verses read:

> Above all mine enemies I am made a reproach, both to my neighbors exceedingly and a fear to my acquaintance. They that saw me, fled forth from me.
>
> I am forgotten, from the heart as one dead. I am made as a vessel destroyed.
>
> Because I have heard the reprehension of many that abide round about.

And at Psalm 37:12–20 comes the most revealing of all the marginalia, a long note by More which may be translated as follows:

> A meek man ought to behave in this way during tribulation; he should neither speak proudly himself nor retort to what is spoken wickedly, but should bless those who speak evil of him and suffer willingly, either for justice' sake if he has deserved it or for God's sake if he has deserved nothing.

This comment is written opposite these verses:

> My friends and my neighbors have approached, and stood against me.
>
> And they that were near me stood far off.
>
> And they did violence which sought my soul. And they that sought me evils, spake vanities, and meditated guiles all the day.

1. 19:10, 20:2, 60:7, 71:2, 74:2, 74:5, 75:5, 75:7, 88:23.

But I, as one deaf, did not hear: and as one dumb not opening his mouth.
And I became as a man not hearing, and not having reproofs in his mouth.
Because in thee, O Lord, have I hopes: thou wilt hear me, O Lord, my God.
Because I said: Lest some time mine enemies rejoice over me: and whilst my feet are moved, they speak great things upon me.
Because I am ready for scourges: and my sorrow is in my sight always.
For I will declare my iniquity: and I will think for my sin.
But mine enemies live, and are confirmed over me: and are multiplied that hate me unjustly.

Clearly Thomas More has based his silence during the period of his trial upon the principle expressed in this psalm, and also in Psalm 38, where he has marked the first four verses with the comment, *maledictis abstinendum* ("evil words are not to be employed"):

I have said: I will keep my ways: that I offend not in my tongue.
I have set a guard to my mouth, when the sinner stood against me.
I was dumb and humbled, and kept silence from good things: and my sorrow was renewed.
My heart waxed hot within me: and in my meditation a fire shall burn.

All these thoughts are in accord with what More told his daughter Margaret in August 1534: "Ther is no man liuing, of whom while he liueth, I may make myself sure." This was indeed, as he reminded her, "a case in which a man may lese his head and haue no harme."[1]

Not all of More's *Psalter* marginalia take us so close to the heart of his own "great matter." Some of his comments seem merely incidental, casual observations like "flatterer" (54:22) or "exultation" (56:9). We recognize the man when he agrees with the psalmist about the treacherous nature of riches (48:17) or the false prosperity of the wicked (34:19 and 36:1), but comments like these are more general than personal. In many of the marginalia More shows that he was thinking not merely of his own suffering, but also of the public realm, that "whole body of Christendome"[2] to which he felt himself to be united. Thus he notes that Psalm 59 is a suitable prayer "for the people in time of plague, famine, war or other tribulation," calamities which he himself did not face, and he marks Psalm 78:5 as efficacious "pro christiano populo." Psalm 83, so runs More's comment, has a very wide application; it is "a prayer of a man who is shut up in prison, or of one who lies sick in bed, yearning to go to church, or of *any* faithful man who yearns for heaven." Faced

1. Rogers, *The Correspondence of Sir Thomas More,* pp. 521 and 530.
2. Ibid., p. 524.

with death, and possibly with torture, More could nevertheless see himself as but one among the many who had prayed over the psalms for centuries. His final annotation reminds us of the man who concerned himself so much with his children's education, but it is applied universally, for all parents; More deftly generalizes Psalm 105:37, "And they immolated their sons, and their daughters to devils" (one count in a long indictment of the sins of the Israelites), by commenting, "This they do who bring up their children badly."

Yet the central theme of the marginalia remains poignantly personal as they reflect, again and again, the battle between the *demones* on the one hand and the forces of good on the other. More uses the words *demon* or *demones* 40 times in his notes, and it is surely significant that he identifies these evil spirits not merely with the traditional devils but also, following the psalmist, with the all too human enemies that encompass him. At Psalm 54:24, for example, which speaks of "bloody and deceitful men," he writes "demones" in his book, and he identifies the "inimicis" of Psalm 58:2 as "uel demones uel malos homines." When More wishes to refer specifically to Satan, he uses the singular (and etymologically correct)[1] word *diabolus,* but he employs this form only three times in the course of his annotations. He had no illusions about the nature of the evil which he was confronting, for he knew all too well that men as well as devils beset him, enemies like those which he described in his note to Psalm 57:2, "hypocrites, who speak of justice, and who judge unjustly or act iniquitously."

To read the marginalia now, over 400 years after More wrote them, is to relive with him the anxious agony that was his as he meditated on his prayer book. His faith, in himself as well as in God, is never really in doubt, for, poised against the many annotations that mention tribulation, spiritual wickedness, temptation, and demons, are others that pray for consolation, help, hope, and trust. The typical pattern, which can be found in several sequences of the notes, is that which occurs in the five marginalia next to Psalm 26. Beside the first two verses,

> Our Lord is my illumination and my salvation; whom shall I fear?
> Our Lord is the protector of my life: of whom shall I
> be afraid?
> Whilst the harmful approach upon me to eat my flesh,
> mine enemies that trouble me, themselves are
> weakened, and are fallen,

1. For the etymologies of *demon* and *diabolus,* see the *Oxford English Dictionary.* The former term had both a good and bad connotation, the Socratic *daimon* or the evil spirits which plagued men. More's three uses of "diabolus" occur at 30:9, 60:4, and 72:1.

More wrote "fiducia" (verse 1) and "demones" (verse 2). Then at verse 12, "Deliver me not into the souls of them that trouble me, because unjust witnesses have risen up against me, and iniquity hath lied to itself," he entered "calumnia" in the margin. For verse 13, "I believe to see the good things of our Lord in the land of the living," he added the words "spes et fiducia," and, finally, for the last verse of the psalm, "Expect our Lord, do manfully; and let thy heart take courage, and expect thou our Lord," his comment is "patientia." The movement is stark and simple: first the opposing forces, the enemies and faith; then the "false accusation," which is compensated for immediately by an upsurge of hope and a resolute patience. The little drama played out here is of course present in the psalm itself, but More has made the psalmist's mood and feeling his own, seeing himself, enclosed in his cell, as participating in the actions performed on an ageless stage.

The Facsimile Pages

Hore beate Marie ad usum ecclesie Sarisburiensis.
Anno. M.ccccc.xxx.
EGREDIETUR
VIRGA DE
IESSE
RADICE
1525.
1525.
Uenundātur Parisijs apud Franciscū Regnault / in vico sancti Jacobi / ad signū Elephantis.
Refugiū meū dn̄s.

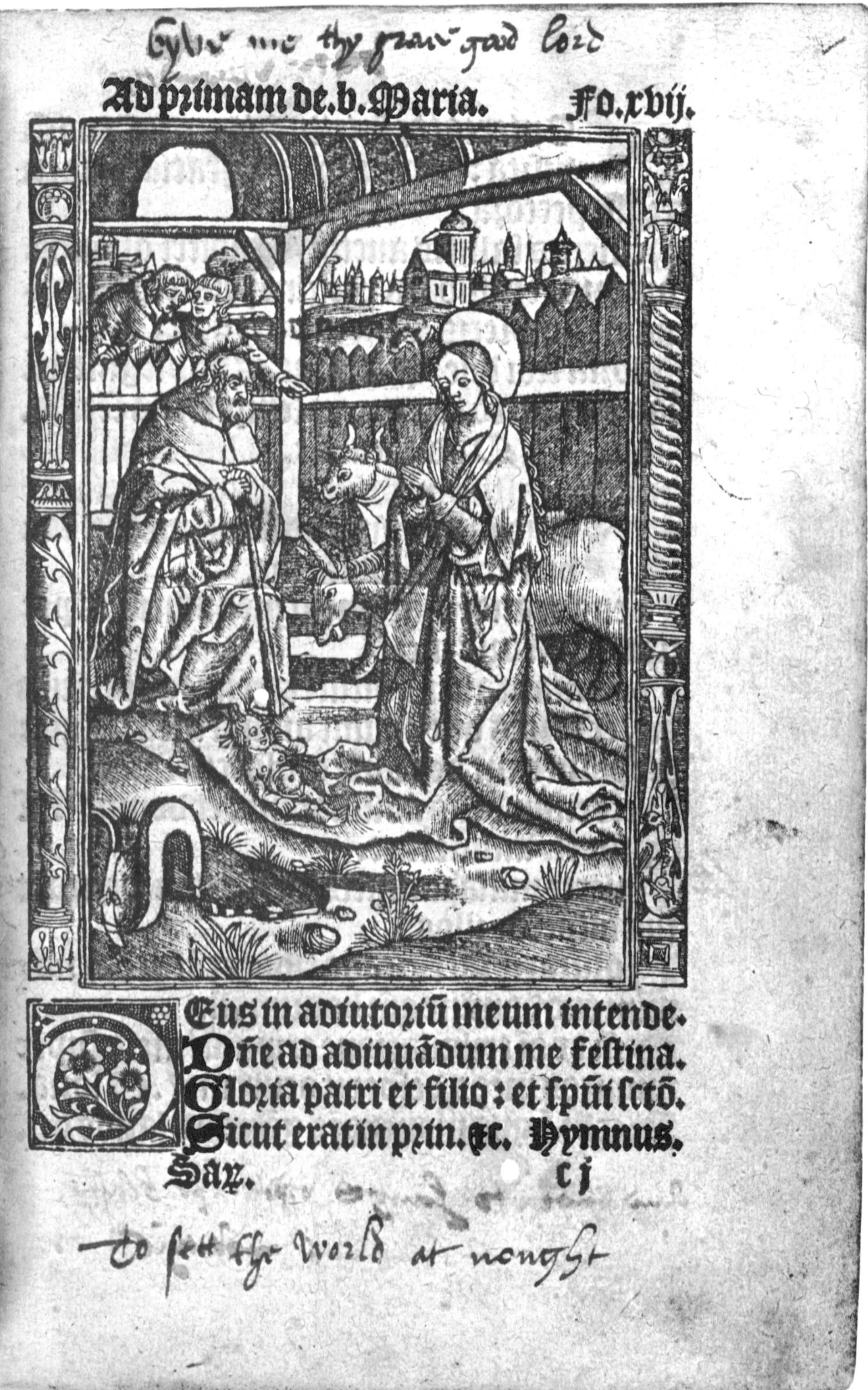

Gyve me thy grace good lord

Ad primam de.b.Maria. Fo.xvij.

Deus in adiutoriũ meum intende.
Dñe ad adiuuãdum me festina.
Gloria patri et filio: et spũi sctõ.
Sicut erat in prin. &c. Hymnus.
Sar. c j

To sett the world at nought

to sett my mynd fast vppon the

Ad primam.

Veni creator spiritus / mentes tuorũ visita : imple superna gratia / que tu creasti pectora.

Memento salutis auctor / q̄ nostri quondã corporis : ex illibata virgine / nascendo formam sumpseris. Maria plena gr̄e &c.

Gloria tibi dñe / qui natus es de virgine : cũ patre & sancto spiritu / in sempiterna secula. Amẽ. Aña. O admirabile. ps. liij. in quo docetur vir iustus in aduersis laudare deum.

Deus in nomine tuo saluũ me fac : & in virtute tua iudica me.

Deus exaudi orationem meã : auribus percipe verba oris mei.

Quoniam alieni insurrexerunt aduersum me / et fortes quesierunt animã meã : et non proposuerunt deũ ante conspectũ suum.

Ecce enim deus adiuuat me : et dominus susceptor est anime mee.

Auerte mala inimicis meis : et in veritate tua disperde illos.

Voluntarie sacrificabo tibi : et cõfitebor nomini tuo domine q̄m bonum est.

Q̄m ex oĩ tribulatione eripuisti me : & super inimicos meos despexit oculus meus. Gloria. ps. cxvj. i quo monet oẽs gẽtes ad laudẽ dei.

And not to hange vppon the blaste of mennys mowthis

to be content to be solitary

De beata maria.

Laudate dominū omnes gentes: laudate eum omnes populi.
Quoniā cōfirmata est super nos misericordia eius: et veritas domini manet in eternū.
Gloria. Psalmus. cxvij. in quo inuitat ad laudē dei a quo homo perficitur in virtutibꝰ.
Confitemini domino quoniā bonus: quoniam in seculū misericordia eius.
Dicat nunc israel quoniam bonus: quoniā in seculū misericordia eius.
Dicat nunc domus aaron: quoniam in seculū misericordia eius.
Dicant nunc qui timent dominū: quoniā in seculum misericordia eius.
De tribulatione inuocaui dn̄m: et exaudiuit me in latitudine dominus.
Dominus michi adiutor: non timebo quid faciat michi homo.
Dominus michi adiutor: et ego despiciam inimicos meos.
Bonum est confidere in domino: q̄ꝑ confidere in homine.
Bonum est sperare in domino: q̄ꝑ sperare in principibus.
Omnes gentes circuierunt me: et in nomine dn̄i quia vltus sum in eos.

c ij

Not to long for worldly company

Lytle & litle utterly to caste of the world

Ad primã.

Circundantes circundederunt me: et in nomine dñi quia vltus sum in eos.

Circumdederunt me sicut apes / & exarserũt sicut ignis in spinis: & in nomine dñi quia vltus sum in eos.

Impulsus euersus sum vt caderem: et dominus suscepit me.

Fortitudo mea & laus mea dominus: et factus est michi in salutem.

Vox exultationis & salutis: in tabernaculis iustorum.

Dextera dñi fecit virtutẽ dextera dñi exaltauit me: dextera dñi fecit virtutem.

Nõ moriar sed viuã: & narrabo opera dñi.

Castigans castigauit me dominus: & morti non tradidit me.

Aperite michi portas iustitie / et ingressus in eas confitebor dño: hec porta dñi iusti intrabunt in eam.

Confitebor tibi dñe quoniam exaudisti me: et factus es michi in salutem.

Lapidẽ quem reprobauerunt edificantes: hic factus est in caput anguli.

A domino factum est istud: & est mirabile in oculis nostris.

Hec est dies quam fecit dominus: exulte-

And ridde my mynd of all the besynes ther

Not to long to here of eny worldly thyngis

De beata Maria. Fo.xix.

mus & letemur in ea.
O domine saluum me fac/o dñe bene p̄spe-
rare:benedictus qui venit in nomīe domini.
Benediximus vobis de domo domini:deus
dominus & illuxit nobis.
Constituite diem solennem in condensis:vs
q3 ad cornu altaris.
Deus meus es tu et confitebor tibi:deus
meus es tu & exaltabo te.
Confitebor tibi qm̄ exaudisti me:et factus
es michi in salutem.
Confitemini domino quoniā bonus:quo-
niam in seculum misericordia eius.
Gloria patri. Aña. O admirabile commer-
cium:creator generis humani/animatū corpus sumens de virgine nasci dignatus est:&
procedens homo sine semine largitus est no
bis suam deitatem. Capitulum.
IN oībus requiē quesiui:& in heredita
te dñi morabor:tūc p̄cepit & dixit mihi
creator oīm:& qui creauit me requieuit in ta
bernaculo meo. Deo gratias. ℟. Aue maria
gratia plena. Dominus tecū. Aue maria. ℣.
Benedicta tu in mulieribus:et benedictus
fructus vētris tui. Dñs tecū. Gloria patri &
filio & spiritui sancto. Aue maria gratia ple-

Sar. c iij

But that the heryng of worldely fantasyes may
be to me displesaunt

Gladly to be thinking of god

Ad primam de cruce.

na dñs tecũ. Vl⁹. Sancta dei genitrix virgo semper maria. ℟. Intercede p nobis ad dominũ deũ nostrũ. Dñe exaudi. &c. Oremus.

Concede nos famulos tuos q̃s dñe deus perpetua mentis & corporis salute gaudere: et gloriosa beate marie semp virginis intercessione a presenti liberari tristitia: et eterna perfrui letitia. Per xp̃m dominũ nostrũ. Amen. Pater noster. Aue maria.

Ad primam de cruce.

Hora prima ductus est iesus ad pilatũ. Falsis testimonijs multũ accusatũ In collo percutiunt/manibus ligatũ. Vultũ dei conspuũt lumẽ celi' gratũ. V. Adoramus te xp̃e et benedicim⁹ tibi. ℟. Quia p sctãm crucẽ tuã redemisti mundũ. Oremus.

Domine iesu christe fili dei viui: pone passionẽ crucẽ et mortẽ tuã inter iu-

pituously to call for his help

To love vn-to thi cumfort of god

dicium tuū ⁊ aīas nostras nunc ⁊ in hora mor
tis nostre: et largiri digneris viuis misericor
diā et gratiā / defunctis requiē et veniā / ecclesie tue pacē et concordiā / et nobis pctōri- ^sancte
bus vitā ⁊ gloriā sempiternā. Qui cū patre
et spū sancto viuis et regnas deus. Per oīa
secula seculoꝝ. Amē. Gloriosa passio dñi no
stri iesu xpi eruat nos a dolore tristi / ⁊ pducat nos ad gaudia paradisi. Amē. Pr. Aue.

¶ Ad .j. de cōpassione beate marie. Hymn⁹.

Hora pria dña vidēs flagellatū. Suū
vnigenitū turpiter tractatum. Cola-
phis et alapis sputo deformatū. Man⁹ tor-
quēs grauiter ruit in ploratū. V. Te laudamus et rogam⁹ mr iesu christi. R. Ut itēdas
⁊ defendas nos a morte tristi. Amē. Orem⁹.

Domine scte iesu / fili dulcis virginis
marie: q pro nobis mortē in cruce to-
lerasti: fac nobiscū miaꝫ tuā: et da nobis ⁊ cū
ctis cōpassionē tue sāctissime matris deuote
recolentibus eius amore vitā in presenti gra
tiosam: et tua pietate gloriā in futuro sempi
ternā. In qua viuis ⁊ regnas de⁹. Per oīa se
cula scloꝝ Amē. Threnosa cōpassio dulcissi
me dei matris: pducat nos ad gaudia sūmi
dei patris. Amen. Pater. Aue. ¶ Ad tertiā.

c iiij

Bisyly to labor & love hym

To knowe myn owne vilite & wrechednesse

Ad tertiam.

Deus in adiutoriũ meum intende.
Dñe ad adiuuandũ me festina.
Gloria patri ⁊ filio ⁊ spũi sancto.
Sicut erat in princi. Hymnus.

To humble & meken my selfe under the myghty hand of god

to ... my synnys passed

De beata Maria. Fo.xxj.

Veni creator spiritus / mentes tuorũ visita: imple superna gratia / que tu creasti pectora.
Memento salutis auctor / q nostri quondam corporis: ex illibata virgine / nascendo formam sumpseris. Maria plena grc̃ ⁊c.
Gloria tibi dñe / qui natus es de virgine: cũ patre ⁊ sancto spiritu / in sempiterna secula. Amen. añ. Quando nat⁹ es. Psalmus. cxix.

Ad dominum cum tribularer clamaui: et exaudiuit me.
Domine libera animam meam a labijs iniquis: ⁊ a lingua dolosa.
Quid detur tibi aut quid apponatur tibi: ad linguam dolosam.
Sagitte potentis acute: cũ carbonibus desolatorijs.
Heu michi q2 incolatus meus prolõgatus est / habitaui cũ habitantibus cedar: multũ incola fuit anima mea.
Cum his q̃ oderũt pacẽ erã pacificus: cum loquebar illis impugnabant me gratis.
Gloria patri. ⁊c. Psalmus. cxx. in quo monet fideles recurrere ad sanctos.
Leuaui oculos meos in montes: vn-

ffor the purgyng of thynd patiently to suffre adversite

gladly to bere my purgatory here

Ad tertiam.

De veniet auxilium michi.
Auxiliū meū a dño: qui fecit celū & terram.
Non det in cōmotionem pedem tuum: ne-
qꝫ dormitet qui custodit te.
Ecce non dormitabit neqꝫ dormiet: qui cu-
stodit israel. Ps.
Dominus custodit te dñs protectio tua: su
per manū dexteram tuam.
Per diē sol non uret te: neqꝫ luna per noctē.
Dñs custodit te ab omni malo: custodiat
animam tuam dominus.
Dñs custodiat introitū tuū & exitū tuū: ex
hoc nunc & usqꝫ in seculū. Gloria. ps. cxxi. in
quo monet ad desideriū celestis patrie.
Letatus sum in his que dicta sunt mi
chi: in domū domini ibimus.
Stātes erāt pedes nři: i atrijs tuis hierlm.
Hierusalē que edificatur ut ciuitas: cuius
participatio eius in id ipsum.
Illuc eñ ascenderunt tribus tribus dñi: te
stimoniū israel ad confitendū nomini dñi.
Quia illic sederunt sedes in iudicio: sedes su
per domum dauid.
Rogate que ad pacem sunt hierusalem: et
abundantia diligentibus te.
Fiat pax in virtute tua: et abundantia in

to be joyfull of tribulacion

to walke the narow way that ledith to life

De beata maria. Fo.xxij.

turribus tuis.

Propter fratres meos et proximos meos loquebar pacem de te.

Propter domū dñi dei nostri: quesiui bona tibi. Gl'ia. Añ. Quādo nat⁹ es ineffabiliter ex virgine / tūc implete sunt scripture: sicut pluuia in vellus descēdisti / vt saluū faceres gen⁹ humanū: te laudam⁹ de⁹ noster. Cap'm.

AB initio ⁊ ante secula creata sum: et vsqꝫ ad futurū seculū non desinā: et in habitatione sancta corā ipso ministraui. Deo gratias. ℟. Sancta dei genitrix virgo semper maria. Sancta. ℣. Intercede pro nobis ad dñz deū nostrū. Virgo semper maria. Gloria patri. Sancta. ℣. Post partū virgo inuiolata permāsisti. ℟. Dei genitrix intercede pro nobis. Dñe exaudi orationē meam. Et clamor meus ad te veniat. Oremus.

COncede nos famulos tuos q̄s dñe deus perpetua mentis et corporis salute gaudere: et gloriosa beate marie semper virginis intercessione / a presenti liberari tristitia ⁊ eterna perfrui letitia. Per christū dñm nostrū. Amen. Pater noster. Aue maria.

Ad tertiā de Cruce.

to bere the crosse with christ

to have the last thing in remembrance

Ad tertiam de cruce.

Crucifige clamitant hora tertiarum. Illusus induitur veste purpurarũ. Caput eius pungitur corona spinarũ. Crucem portat humeris ad locũ penarum. ℣. Adoramus te christe et benedicimus tibi. ℞. Quia per sanctam crucẽ tuã redemisti mundum. Oremus. Oratio.

Domine iesu christe fili dei viui: pone passionem crucem et mortem tuam inter iudicium tuum et animas nostras nunc et in hora mortis nostre: et largiri digneris viuis misericordiã et gratiam / defunctis requiem et veniam / ecclesie tue pacem et concordiam / et nobis peccatoribus vitam et gloriam sempiternã. Qui cum patre et spiritu sancto viuis et regnas deus. Per omnia secula seculorum. Amen. Gloriosa passio domini nostri iesu christi eruat nos a dolore tristi: et perducat nos ad gaudia paradisi. Amẽ. Pa-

to have ever a fore myn yie my deth that ys ever at hand

to make dethe no strauger to me

Ad.iij.de cõpas.b.Marie. Fo.xxiij.

ter noster. Aue maria gratia plena.

Ad tertia de compassione beate Marie.

Uidens virgo virginum hora tertia-rum. Caput pūctum filij corona spi-narū. Crucem qui fert [ferens] scapulis ad loca pe-narum. Heu dolore sternitur luto platearū. Vs. Te rogamus et laudamus mater iesu christi Rm. Ut intendas et defendas nos a morte tristi. Oremus. Oratio.

Domine sancte iesu fili dulcis virginis marie: qui pro nobis mortem in cru-ce tolerasti/fac nobiscū misericordiā tuam: et da nobis et cunctis compassionem tue san-ctissime matris deuote recolentibus eius amo-re vitam in presenti gratiosam: et tua pieta-te gloriam in futuro sempiternā. In qua vi-uis et regnas deus. Per omnia secula seculo-rum. Amen. Threnosa cõpassio dulcissime dei matris: perducat nos ad gaudia summi dei patris. Amen. Pater noster. Aue maria.

Ad sextam.

to forsee & considre the everlastyng fyre of helle

To pray for pardon before the Judge come

Ad sextam.

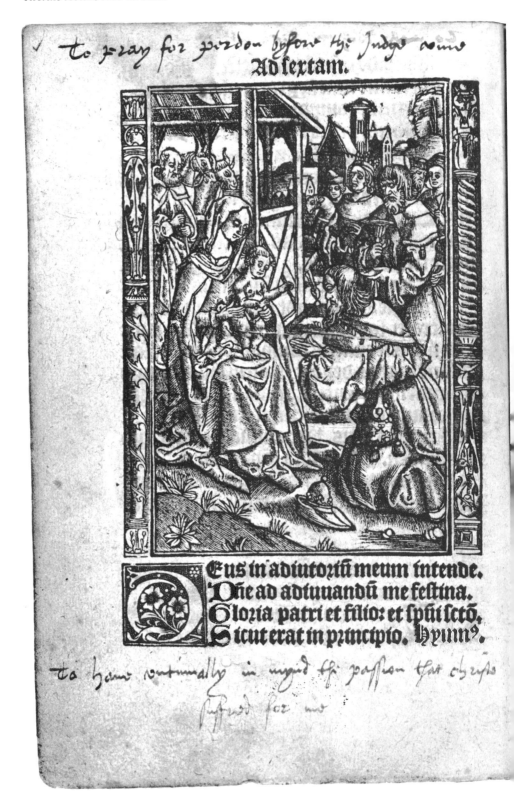

Deus in adiutoriū meum intende.
Dñe ad adiuuandū me festina.
Gloria patri et filio: et spūi sctō.
Sicut erat in principio. Hymn⁹.

To have continually in mynd the passion that christe suffred for me in his benefitys vnresonably to geve hym thankys

Veni creator spiritus / mentes tuorũ
visita: imple superna gratia / que tu
creasti pectora.
Memento salutis auctor / q nostri quondã
corporis: ex illibata virgine / nascendo formam sumpseris. Maria plena grãe &c.
Gloria tibi dñe / qui natus es de virgine: cũ
patre & sancto spiritu / in sempiterna secula.
Amen. Añа. Rubũ quẽ. Psalmus.cxxij.in
quo monet ad ascensum virtutum.
Ad te leuaui oculos meos: q̃ habitas
in celis. Ecce sicut oculi seruorũ: in
manibus dominorũ suorum.
Sicut oculi ancille in manibus domĩe sue:
ita oculi nostri ad dñm deum nostrum / donec misereatur nostri.
Miserere nostri domine miserere nostri: qr
multum repleti sumus despectione.
Quia multũ repleta est anima nostra: op-
probriũ abũdantibus et despectio superbis.
Gloria patri et filio: et spiritui sancto.
Sicut erat in principio & nunc et semper: et
in secula se. &c. Psalmus.cxxiij.in quo monet omne bonũ nostrũ deo esse ascribendũ.
Nisi quia dñs erat in nobis dicat nũc
israel: nisi quia dñs erat in nobis.

to bryng the tyme agayn that I byfore haue loste

to abstayne from vayne confabulations

Ad ~~tertiam~~. Sexta

Cum exurgerent homines in nos: forte vi-
uos deglutissent nos.

Cum irasceretur furor eorū in nos: forsitan aqua absorbuisset nos.

Torrentē pertransiuit aīa nostra: forsitan
pertransisset aīa nostra aquā intolerabilē.

Benedictus dominus qui non dedit nos:
in captione dentibus eorum.

Anima nostra sicut passer erepta est: de laqueo venantium.

Laqueus cōtritus est: & nos liberati sumus.

Adiutoriū nostrū in noīe dñi: qui fecit celū
& terram. Gloria pa. Sicut. &c. Psalmus.
cxxiiij. in quo monet confidere in solo deo.

Qui confidunt in domino sicut mons
sion: non cōmouebitur in eternū qui
habitat in hierusalem.

Montes in circuitu eius / et dñs in circuitu
populi sui: ex hoc nunc & usq; in seculum.

Quia non relinquet dñs virgam peccatorum super sortem iustorū: vt non extendant
iusti ad iniqtatem manus suas.

Benefac domine: bonis & rectis corde.

Declinantes aūt in obligationes adducet
dominus cū operantibus iniquitatē: pax su
per israel. Gloria patri. Aña. Rubū quem

to eschew light folysh myrth & gladnesse

Recreationys not necessary / to cutt off

De beata maria. Fo.xxv.

viderat moyses incombustum: cōseruatam agnouimus tuā laudabilē virginitatem dei genitrix intercede pro nobis. Capitulum.

ET sic in sion firmata sum: et in ciuitate sanctificata similiter requieui: et in hierusalem potestas mea. Deo gratias. R. Post partum virgo inuiolata permansisti. V. Dei genitrix intercede pro nobis. Inuiolata permansisti. Gloria patri et filio: et spiritui sancto. Post partum virgo inuiolata permansisti. V. Speciosa facta es et suauis. Rz. In delicijs tuis sancta dei genitrix. Domine exaudi orationem meam. Et clamor meus ad te veniat. Oremus. Oratio.

COncede nos famulos tuos q̄s dn̄e deus perpetua mentis et corporis salute gaudere: et gloriosa beate marie semper virginis intercessione: a presenti liberari tristitia: et eterna perfrui letitia. Per christū dominū nostrū. Amen. Pater noster. Aue ma.

Ad sextam de cruce.

Sar. d j

worldely substaunce frendys libertie lyfe and all
to sett the losse at nyght nowght for the
wynnyng of christ

to thynke my moste enemyes my best frendes

Ad sextam de cruce.

Hora sexta iesus est cruci cõclauatus. Atq[ue] cum latronibus pendens deputatus. Pre tormentis sitiens felle saturatus. Agn[us] crimen diluit sic ludificatus. V. Adoram[us] te christe: et benedicimus tibi. R. Quia per sanctam crucem tuam redemisti mũdum. Oremus. Oratio.

Domine iesu christe fili dei viui: pone passionẽ crucẽ et mortẽ tuã inter iudiciũ tuũ [et] aĩas nostras nunc [et] in hora mortis nostre: et largiri digneris viuis misericordiã et gratiã / defunctis requiẽ et veniã / ecclesie tue pacẽ et concordiã / et nobis pctõribus vitã [et] gloriã sempiternã. Qui cũ patre et spũ sancto viuis et regnas deus. Per oĩa secula seculo[rum]. Amẽ. Gloriosa passio dñi nostri iesu xp̄i eruat nos a dolore tristi / [et] pducat nos ad gaudia paradisi. Amẽ. Pater noster. Aue maria gratia.

For the brethern of Joseph could never have done him so much good with their love & favor as they did him with their malice & hatred.

De cõpassione beate Marie. Fo.xxvj.

¶Ad Sextam de cõpassione beate Marie.

Hora sexta respicit mater suum natũ
Obsitum vulneribus in cruce leuatũ
Inter fures positũ felleq3 potatũ. Illa secũ
centies reddit eiulatum. ℣. Te laudamus et
rogamus mater iesu christi. ℟. Ut intendas
et defendas nos a morte tristi. Oremus.
Domine scte iesu / fili dulcis virginis
marie: q̊ pro nobis mortẽ in cruce to-
lerasti: fac nobiscũ miaз tuã: et da nobis ⁊ cũ
ctis cõpassionẽ tue sãctissime matris deuote
recolentibus eius amore vitã in presenti gra
tiosam: et tua pietate gloriã in futuro sempi
ternã. In qua viuis ⁊ regnas de⁹. Per oĩa se
cula seclo℞ Amẽ. ¶Threnosa cõpassio dulcissi
me dei matris: pducat nos ad gaudia sũmi
dei patris. Amen. Pater noster. Aue maria.

¶Ad Nonam.

These wundys are more to be desyred of
every man than all the treasure of
all the prynce & kyngs chrysten & hethen
were it gatheryd & layed to gether
all vppon one hepe

D ij

Sctā trinitas vnus deus miserere nobis.

¶ Psalterium cum Hymnis secundū vsum & cōsuetudinē Sarum et Eboracē.

Fortuna opes auferre: non animū potest.

In dñica ad matu.j.nocť. Fo.j.
Per Aduentū Post epyphaniā.

N ō auferet. B tūs v. S ernite. B tūs v
Per estatem.

P ro fidei. B eatus vir.
Ad matutinas. Psalmus primus.
B Eatus vir qui nō
abijt in cōsilio im
piorꝝ: ⁊ in via pec-
catorū non stetit/
et in cathedra pe-
stilentie non sedit.
S ed in lege domini volun-
tas eius: et in lege eius medi
tabitur die ac nocte.
E t erit tanꝙ lignum quod plantatum est
secus decursus aquarum: quod fructum
suum dabit in tempore suo.
E t folium eius non defluet: ⁊ omnia que-
cunqꝫ faciet prosperabuntur.
N on sic impij nō sic: sed tanꝙ puluis quē
a.j.

In dñica.

proijcit ventus a facie terre.
Ideo non resurgunt impij in iudicio: neqꝫ
peccatores in consilio iustorum.
Quoniã nouit dominus viam iustorum:
et iter impiorum peribit. Psalmus .ij.
Quare fremuerunt gentes: et populi
meditati sunt inania.
Astiterunt reges terre et principes conue
nerunt in vnum: aduersus dominum ⁊ aduersus christum eius.
Dirumpamus vincula eorũ: et proijcia-
mus a nobis iugum ipsorum.
Qui habitat in celis irridebit eos: ⁊ domi
nus subsannabit eos.
Tunc loquetur ad eos in ira sua: et in furore suo conturbabit eos.
Ego autem constitutus sum rex ab eo su
per syon montem sanctum eius: predicans
preceptum eius.
Dominus dixit ad me filius meus es tu:
ego hodie genui te.
Postula a me/ ⁊ dabo tibi gẽtes hereditatem tuã: et possessionẽ tuã terminos terre.
Reges eos in virga ferrea: ⁊ tanq̃ vas fi-
guli confringes eos.
Et nunc reges intelligite: erudimini qui

iudicatis terram.

Seruite domino in timore: et exultate ei cum tremore.

Apprehẽdite disciplinam: nequando irascatur dominus et pereatis de via iusta.

Cum exarserit in breui ira eius: beati omnes qui confidunt in eo. Psalmus. iij.

Domine quid multiplicati sunt qui tribulant me: multi insurgunt aduersum me.

Multi dicunt anime mee: nõ est salus ipsi in deo eius.

Tu autẽ domine susceptor meus es: gloria mea et exaltans caput meum.

Voce mea ad dominum clamaui: et exaudiuit me de monte sancto suo.

Ego dormiui et soporatus sum: et exurrexi quia dominus suscepit me.

Non timebo milia populi circũdãtis me: exurge domine saluũ me fac deus meus.

Quoniam tu percussisti omnes aduersantes mihi sine causa: dentes peccatorum contriuisti.

Domini est salus: et super populum tuũ benedictio tua.

Non dicitur ad noctur. Psalmus. iiij.

a. ij.

Ad matu.j.noct.

CUm inuocarē exaudiuit me de⁹ iusticie mee: in tribulatiōe dilatasti mihi
Miserere mei: ⁊ exaudi orationem meā.
Filij hoīm vsq₃quo graui corde: vt quid di-
ligitis vanitatem ⁊ queritis mendacium.
Et scitote qm̄ mirificauit dn̄s sanctū suū:
dn̄s exaudiet me cum clamauero ad eum.
Irascimini ⁊ nolite peccare: que dicitis in
cordibus vestris ⁊ in cubilibus vestris / con
pungimini.
Sacrificate sacrificiū iusticie ⁊ sperate in
dn̄o: multi dicunt q̇s ostendit nobis bona.
Signatū est super nos lumen vultus tui
domine: dedisti leticiam in corde meo.
A fructu frumenti vini et olei sui: multi-
plicati sunt.
In pace in idipsum: dormiā ⁊ requiescā.
Qm̄ tu dn̄e: singulariter in spe cōstituisti
me. ¶ Non dicit ad noctur. Psalmus.v.
VErba mea auribus percipe domie:
intellige clamorem meum.
Intende voci orationis mee: rex meus et
deus meus.
Quoniam ad te orabo domine: mane ex-
audies vocem meam.
Mane astabo tibi ⁊ videbo: quoniam non

deus volens iniquitatem tu es.
N eqȝ habitabit iuxta te malignus : neqȝ permanebunt iniusti ante oculos tuos.
O disti om̄es qui operantur iniquitatem: perdes om̄es qui loquuntur mendacium.
V irū sanguinū ⁊ dolosuȝ abominabitur dn̄s: ego autem in multitudine mie tue.
I ntroibo in domū tuā : adorabo ad templum sanctum tuum in timore tuo.
D n̄e deduc me in iusticia tua ꝓpter inimicos meos: dirige in cōspectu tuo viā meā.
Q uoniam non est in ore eorum veritas : cor eorum vanum est.
S epulchrū patēs est guttur eorū linguis suis dolose agebant: iudica illos deus.
D ecidāt a cogitationibus suis : secundū multitudinem impietatum eorum expelle eos/quoniam irritauerunt te domine.
E t letentur omnes qui sperant in te : ineternum exultabunt et habitabis in eis.
E t gloriabuntur in te omnes qui diligūt nomen tuum: quoniam tu bn̄dices iusto.
D n̄e vt scuto bone voluntatis tue : coronasti nos. Gloria patri. Psalmus.vj.
D Omīe ne in furore tuo arguas me: neqȝ in ira tua corripias me.

A.iij.

contra insidias demonum

Jmploratio venie p pen

In dñica

Miserere mei dñe qm̃ infirmus sum: sana
me dñe quoniã conturbata sunt ossa mea.
Et anima mea turbata est valde: et tu do
mine vsqȝquo.
Conuertere dñe et eripe animam meam:
saluũ me fac propter misericordiã tuam.
Qm̃ non est in morte qui memor sit tui: in
inferno autem quis confitebitur tibi.
Laboraui in gemitu meo: lauabo per sin
gulas noctes lectũ meum lachrimis meis
stratum meum rigabo.
Turbatus est a furore oculus meus: in
ueteraui inter omnes inimicos meos.
Discedite a me oẽs qui operamini iniqta
tem: qm̃ exaudiuit dñs vocem fletus mei.
Exaudiuit dñs deprecationem meam: do
minus orationem meam suscepit.
Erubescant ꝫ conturbent vehemẽter oẽs
inimici mei: conuertant et erubescãt valde
velociter. Gloria. Per aduentũ. Añ. Non
auferetur sceptrũ de iuda et dux de femore
eius donec veniat qui mittendus est. Post
octa. epypha. Añ. Seruite dño in timore.
Post octa. trinitatis Añ. Pro fidei meritis
vocitatur iure beatus: legem qui domini
meditatur nocte dieqȝ.

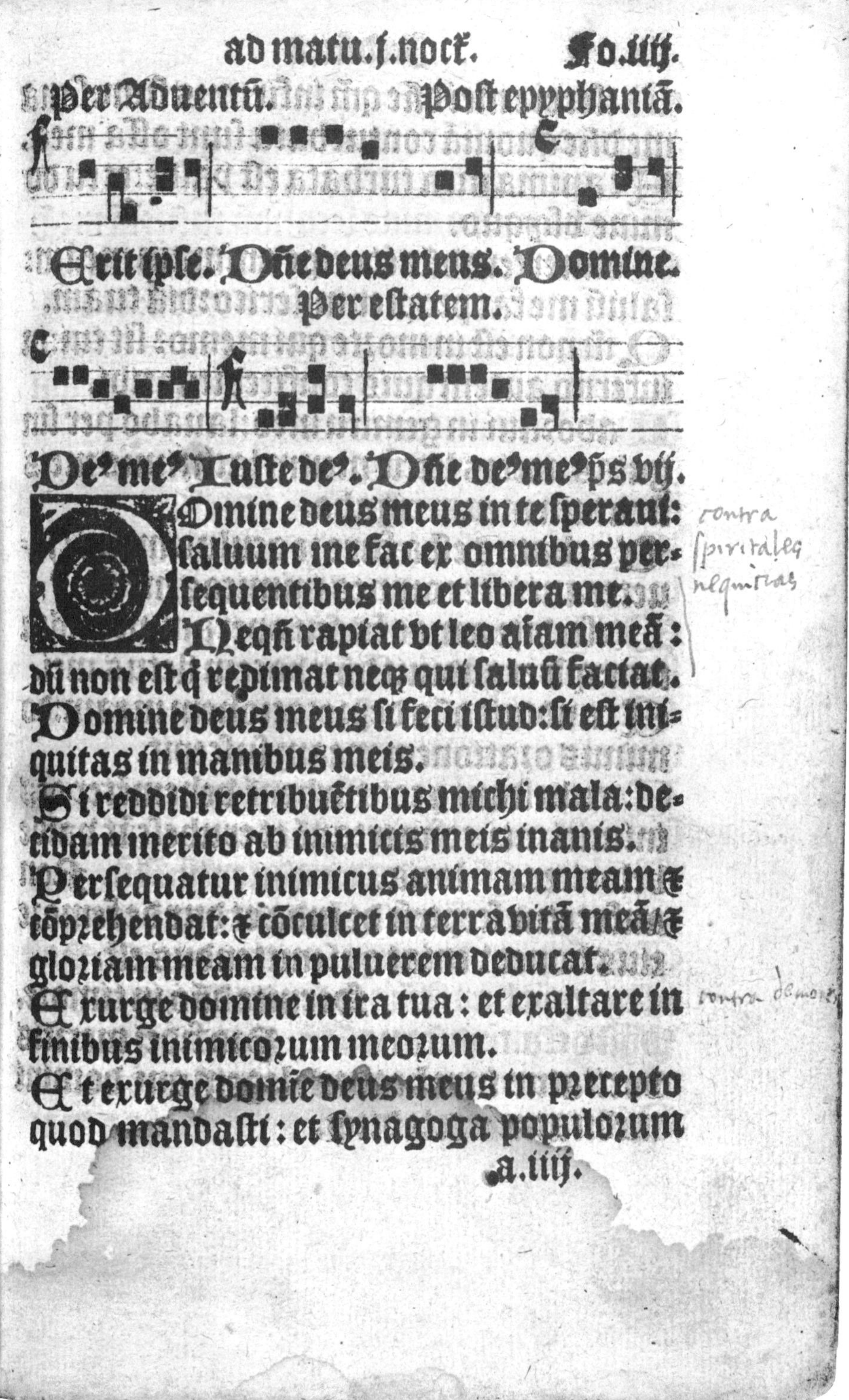

ad matu.j.noct. Fo.iiij.

Per Aduentū. Post epyphaniā.

Erit ipse. Dñe deus meus. Domine.
Per estatem.

De⁹ me⁹ Iuste de⁹. Dñe de⁹ me⁹ ps vij.

Domine deus meus in te speraui: saluum me fac ex omnibus persequentibus me et libera me.

Nequā rapiat vt leo aīam meā: dū non est q̄ redimat neq̄ qui saluū faciat.

Domine deus meus si feci istud: si est iniquitas in manibus meis.

Si reddidi retribuētibus michi mala: decidam merito ab inimicis meis inanis.

Persequatur inimicus animam meam & comprehendat: & cōculcet in terra vitā meā/ & gloriam meam in puluerem deducat.

Exurge domine in ira tua: et exaltare in finibus inimicorum meorum.

Et exurge domine deus meus in precepto quod mandasti: et synagoga populorum

a.iiij.

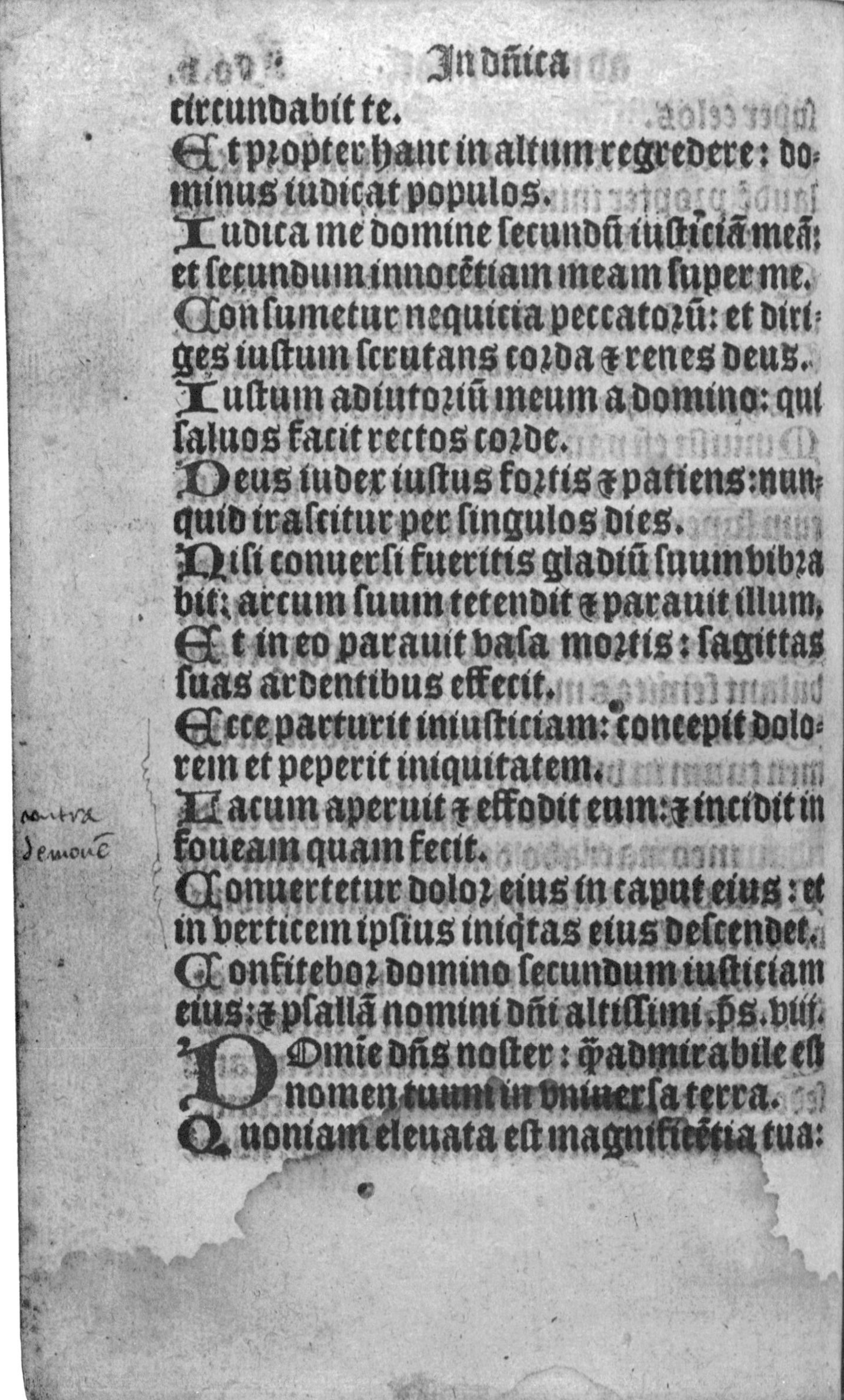

circundabit te.

Et pꝛopter hanc in altum regredere: dominus iudicat populos.

Iudica me domine ſecundũ iuſticiã meã: et ſecundum innocẽtiam meam ſuper me.

Conſumetur nequicia peccatoꝛũ: et diriges iuſtum ſcrutans coꝛda ⁊ renes deus.

Iuſtum adiutoꝛiũ meum a domino: qui ſaluos facit rectos coꝛde.

Deus iudex iuſtus foꝛtis ⁊ patiens: nunquid iraſcitur per ſingulos dies.

Niſi conuerſi fueritis gladiũ ſuum vibꝛabit: arcum ſuum tetendit ⁊ parauit illum.

Et in eo parauit vaſa moꝛtis: ſagittas ſuas ardentibus effecit.

Ecce parturit iniuſticiam: concepit dolorem et peperit iniquitatem.

contra demonē

Lacum aperuit ⁊ effodit eum: ⁊ incidit in foueam quam fecit.

Conuertetur doloꝛ eius in caput eius: et in verticem ipſius iniqtas eius deſcendet.

Confitebоꝛ domino ſecundum iuſticiam eius: ⁊ pſallã nomini dñi altiſſimi. ps. viii.

Domine dñs noſter: q̃ admirabile eſt nomen tuum in vniuerſa terra.

Quoniam eleuata eſt magnificẽtia tua:

ad matu.j.noc. Fo.v.

super celos.

Ex ore infantium & lactentium perfecisti laudē ꝓpter inimicos tuos: vt destruas inimicum et vltorem.

Quoniā videbo celos tuos opera digitorum tuorū: lunā et stellas que tu fundasti.

Quid est homo ꝙ memor es eius: aut filius hominis quoniam visitas eum.

Minuisti eū paulo minus ab angelis: gloria et honore coronasti eum/ et constituisti eum super opera manuum tuarum.

Omnia subiecisti sub pedibus eius: oues et boues vniuersas/ insup & pecora campi.

Volucres celi: et pisces maris qui perambulant semitas maris.

Domine dn̄s noster: ꝙ admirabile est nomen tuum in vniuersa terra. Psalmus.ix.

Confitebor tibi domine in toto corde meo: narrabo omnia mirabilia tua.

Letabor & exultabo in te: psallam nomini tuo altissime.

In conuertendo inimicum meum retrorsum: infirmabunt & peribunt a facie tua.

Qm̄ fecisti iudiciū meū & causam meam: sedes super thronū qui iudicas iusticiam.

Increpasti gentes & perijt impius: nomē

Fo. vi. In dñica.

eorum delesti in eternũ et in seculũ seculi.

Inimici defecerunt framee in finem: ⁊ ciuitates eorum destruxisti.

Perijt memoria eorum cum sonitu: ⁊ dominus in eternum permanet.

Parauit in iudicio thronum suum: ⁊ ipse iudicabit orbem terre in equitate / iudicabit populos in iusticia.

Et factus est dñs refugium pauperi: adiutor in oportunitatibus in tribulatione.

Et sperent in te qui nouerũt nomẽ tuum: quoniã non dereliquisti querẽtes te dñe.

Psallite domino qui habitat in syon: annunciate inter gentes studia eius.

Quoniã requirẽs sanguinem eorũ recordatus est: nõ est oblitus clamorẽ pauperũ.

Miserere mei domine: vide humilitatem meam de inimicis meis.

Qui exaltas me de portis mortis: vt annunciem omnes laudationes tuas in portis filie syon.

Exultabo in salutari tuo: infixe sunt gentes in interitu quem fecerunt.

In laqueo isto quem absconderunt: comprehensus est pes eorum.

Cognoscet dñs iudicia faciẽs: in operibꝰ

ad matu.j.noct. Fo.vj.

manuũ suarũ comprehensus est peccator.
C onuertantur peccatores in infernum:
omnes gentes qui obliuiscuntur deum.
Q m̃ non in finem obliuio erit pauperis:
patientia pauperum non peribit in finem.
E xurge domine non cõfortetur homo: iu
dicentur gentes in conspectu tuo.
C onstitue domĩe legislatorem super eos:
sciant gentes quoniam homines sunt.
V t quid domine recessisti longe: despicis
in opportunitatibus in tribulatione.
D um superbit impius incenditur pauper:
cõprehenduntur in cõsiliis quibꝰ cogitant.
Q uoniã laudatur peccator in desideriis
anime sue: et iniquus benedicitur.
E xacerbauit dominũ peccator: secũdum
multitudinem ire sue non queret.
N on est deus in cõspectu eius: inquinate
sunt vie illius in omni tempore.
A uferuntur iudicia tua a facie eius: oim
inimicorum suorum dominabitur.
D ixit enim in corde suo: non mouebor a
generatione in generationem sine malo.
C uius maledictiõe os plenũ est & amari-
tudine & dolo: sub lingua eiꝰ labor & dolor.
S edet in insidiis cum diuitibus in occul-

In dñica.

tis vt interficiat innocentem.
Oculi eius in pauperē respiciunt: insidiat in abscondito quasi leo in spelunca sua.
Insidiatur vt rapiat pauperem: rapere pauperem dum attrahit eum.
In laqueo suo humiliabit eū: inclinabit se et cadet cum dñatus fuerit pauperum.
Dixit enim in corde suo oblitus est deus: auertit faciem suam ne videat in finem.
Exurge domine deus ⁊ exaltetur manus tua: ne obliuiscaris pauperum.
Propter quid irritauit impius deum: dixit enim in corde suo non requiret.
Vides quoniā tu laborē ⁊ dolorem consideras: vt tradas eos in manus tuas.
Tibi derelictus est pauper: orphano tu eris adiutor.
Contere brachium peccatoris ⁊ maligni: queretur peccatū illius ⁊ non inuenietur.
Dominus regnabit in eternū et in seculū seculi: peribitis gentes de terra illius.
Desiderium pauperum exaudiuit dominus: preparationē cordis eorum audiuit auris tua.
Iudicare pupillo ⁊ humili: vt nō apponat vltra magnificare se hō sup terram. ps. x.

IN dn̄o cōfido: quomō dicitis anime mee trāsmigra in mōtē sicut passer.
Quoniam ecce peccatores intenderūt arcum / parauerunt sagittas suas in pharetra: vt sagittent in obscuro rectos corde.
Quoniam que perfecisti destruxerunt: iustus autem quid fecit.
Dominus in tēplo sancto suo: dominus in celo sedes eius.
Oculi eius in pauperem respiciūt: palpebre eius interrogant filios hominum.
Dominus interrogat iustū ⁊ impiū: qui autem diligit iniquitatē odit aīam suam.
Pluit sup pctōres laqos: ignis / sulphur / et spiritus procellarū pars calicis eorum.
Qm̄ iustus dominus et iusticias dilexit: equitatem vidit vultus eius. Gloria. An̄.
Erit ipse expectatio gentiū lauabitq; vino stolam suam et sanguine vue palliū suum.
An̄. Domīe deus meus in te speraui. An̄.
Iuste deus iudex fortis patiensq; benignus: in te sperantes muni miserādo fideles.

Pulcriores. Saluū me fac. Respice.

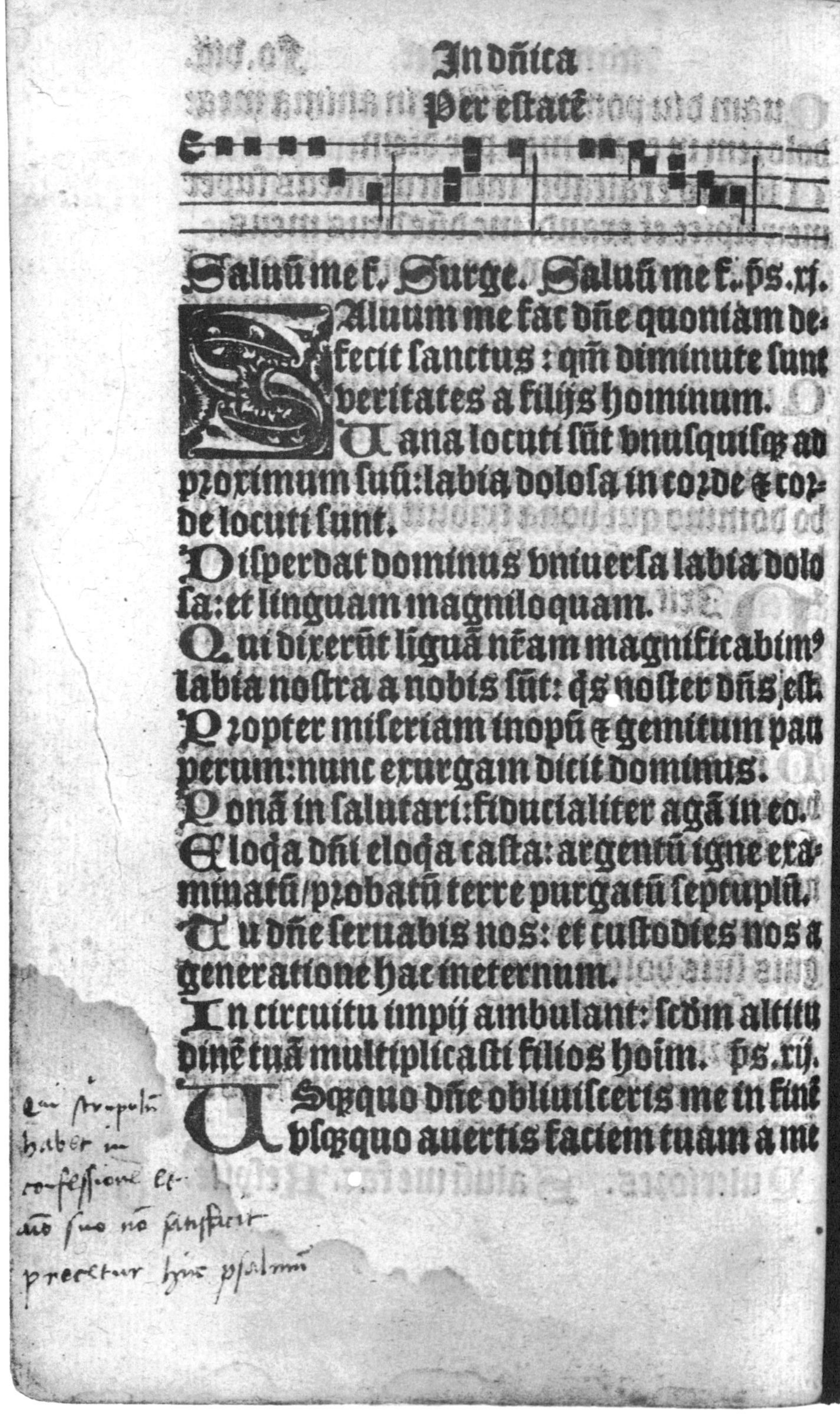

In dñica
Per estatē

Saluū me f. Surge. Saluū me f. ps. xj.
SAluum me fac dñe quoniam defecit sanctus : qm̄ diminute sunt
veritates a filijs hominum.
Vana locuti sūt vnusquisqȝ ad
proximum suū: labia dolosa in corde ꝯ corde locuti sunt.
Disperdat dominus vniuersa labia dolo
sa: et linguam magniloquam.
Qui dixerūt liguā nr̄am magnificabim⁹
labia nostra a nobis sūt: qs noster dñs est.
Propter miseriam inopū ꝯ gemitum pau
perum: nunc exurgam dicit dominus.
Ponā in salutari: fiducialiter agā in eo.
Eloqa dñi eloqa casta: argentū igne exa-
minatū/probatū terre purgatū septuplū.
Tu dñe seruabis nos: et custodies nos a
generatione hac in eternum.
In circuitu impij ambulant: scd̄m altitu
dinē tuā multiplicasti filios hoim. ps. xij.
VSqȝquo dñe obliuisceris me in finē
vsqȝquo auertis faciem tuam a me

Qui propositū
habet in
confessione et
aīo suo nō satisfacit
precetur hunc psalmum

Quam diu ponam cōsilia in anima mea: dolorem in corde meo per diem.

Usquequo exaltabit inimicus meus super me: respice et exaudi me dn̄e deus meus.

Illumina oculos meos ne vnq̄ obdormiā in morte: nequando dicat inimicus meus preualui aduersus eum.

Qui tribulāt me exultabūt si motus fuero: ego autē in misericordia tua speraui.

Exultabit cor meū in salutari tuo: cantabo domino qui bona tribuit michi / et psallam nomini dn̄i altissimi. Psalmus. xiij.

Dixit insipiēs in corde suo: nō est deus.

Corrupti sunt & abominabiles facti sunt in studijs suis: nō est qui faciat bonum / non est vsq; ad vnum.

Dn̄s de celo prospexit super filios hoim: vt videat si est intelligēs / aut reqrens deū.

Oēs declinauerūt simul inutiles facti sūt: non est q̄ faciat bonū / non est vsq; ad vnum.

Sepulchrū patens est guttur eorum / linguis suis dolose agebant: venenum aspidum sub labijs eorum.

Quorum os maledictione et amaritudine plenum est: veloces pedes eorum ad effundendum sanguinem.

demonls

In dominica.

Contritio et infelicitas in vijs eorum / et viam pacis non cognouerūt: non est timor dei ante oculos eorum.

Nonne cognoscent omnes qui operantur iniquitatem: qui deuorant plebem meam sicut escam panis.

Dominum non inuocauerunt: illic trepidauerunt timore vbi non erat timor.

Qm̄ dn̄s in generatiōe iusta est: consiliū inopis cōfudistis / qm̄ dn̄s spes eius est.

Quis dabit ex syon salutare israel: cum auerterit dn̄s captiuitatē plebis sue / exultabit iacob ⁊ letabitur israel.

Domine quis habitabit in tabernaculo tuo: aut quis requiescet in mōte sancto tuo.

Qui igredit' sine macula: ⁊ opat' iusticiā.

Qui loquitur veritatem in corde suo: qui non egit dolum in lingua sua.

Nec fecit proximo suo malū: ⁊ opprobriū non accepit aduersus proximos suos.

Ad nichiluz deductus est in cōspectu eius malignus: timentes autē dn̄m glorificat.

Qui iurat proximo suo ⁊ non decipit: qui pecuniā suam non dedit ad vsuram ⁊ munera super innocentem non accepit.

Qui facit hec: nõ mouebitur ineternum.
Gloria patri. Sicut erat in principio. Añ.
Pulchriores sunt oculi eius vino: z dentes
eius lacte candidiores. Añ. Respice z exau
di me dñe deus meus. Añ. Surge z in eter=
num serua munimie sacro: custodiqz tuos
astripotens famulos. ỽ. Memor fui nocte:
nominis tui dñe. ℟. Et custodiui legẽ tuã.
Per aduentũ. Post epyphaniã.

Bethleem. Conserua me. Bonorũ.
Per estatem.

Cõserua. Nature. Cõserua me. ps.xv.
Conserua me dñe quoniã spera=
ui in te: dixi dño deus meꝰ es tu/
quoniã bonorũ meorꝫ non eges.
Sanctis qui sunt in terra eius:
mirificauit oẽs infirmitates meas in eis.
Multiplicate sunt voluntates eorum: po=
stea accelerauerunt.
Non congregabo conuenticula eorum de

b.j.

In dñica

sanguinibus: nec memor ero nominum eorum per labia mea.
Dñs pars hereditatis mee ⁊ calicis mei:
tu es qui restitues hereditatē meā michi.
Funes ceciderunt michi in preclaris: etenim hereditas mea preclara est michi.
Benedicam dominum qui tribuit michi
intellectum: insuper ⁊ vsq; ad noctem incre-
puerunt me renes mei.
Prouidebam dñm in conspectu meo semper: qm̄ a dextris est michi ne cōmouear.
Propter hoc letatū est cor meū ⁊ exultauit
lingua mea: insup ⁊ caro mea requiescet i spe
Qm̄ nō derelinques aiam meā in inferno:
nec dabis sanctū tuū videre corruptionē.
Notas michi fecisti vias vite: adimplebis
me leticia cum vultu tuo / delectationes in
dextera tua vsq; in finem. Gloria. Per aduentū Añ. Bethleem nō es minima in prin
cipib⁹ iuda: ex te enim exiet dux qui regat
populū meū israel: ipse eni saluū faciet populum suū a peccatis eorū. Post octa. epypha. Añ. Bonorū meorum nō indiges in te
speraui cōserua me dñe. Post octa. trinita.
Añ. Nature genitor cōserua morte redem
ptos / facq; tuo dignos seruitio famulos.

solaciū ī tribulatione

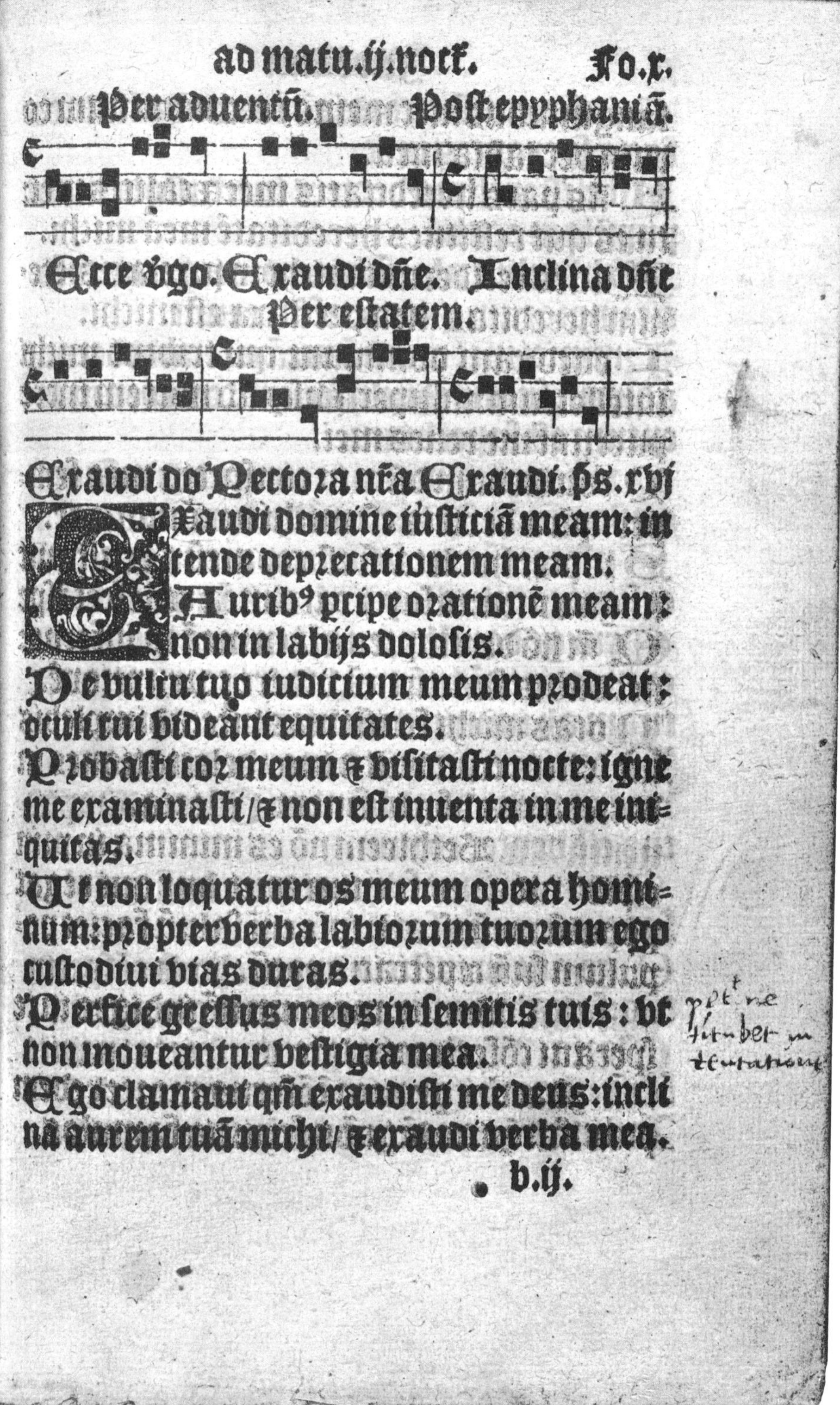

ad matu.ij.nock. Fo.x.

Per aduentũ. Post epyphaniã.

Ecce ṽgo. Exaudi dñe. Inclina dñe

Per estatem.

Exaudi do' Pectora nr̃a Exaudi. ps.xvj

Exaudi domine iusticiã meam: intende deprecationem meam.
Auribꝰ ꝑcipe orationẽ meam:
non in labijs dolosis.

De vultu tuo iudicium meum prodeat: oculi tui videant equitates.

Probasti cor meum & visitasti nocte: igne me examinasti/& non est inuenta in me ini-quitas.

Ut non loquatur os meum opera homi-num: propter verba labiorum tuorum ego custodiui vias duras.

Perfice gressus meos in semitis tuis: vt non moueantur vestigia mea.

Ego clamaui qm̃ exaudisti me deus: incli-na aurem tuã michi/& exaudi verba mea.

b.ij.

In dñica

Mirifica misericordias tuas: qui saluos facis sperantes in te.

A resistentibus dextere tue: custodi me vt pupillam oculi.

Sub vmbra alarũ tuarum protege me: a facie impiorum qui me afflixerunt.

Inimici mei animã meã circundederunt adipem suum concluserunt: os eorum locutum est superbiam.

Proiicientes me nunc circundederũt me: oculos suos statuerunt declinare in terrã.

Susceperũt me sicut leo paratus ad pdã: et sicut catulus leonis habitãs in abditis.

Exurge domie preueni eum et supplanta eum: eripe aiam meam ab impio/frameã tuam ab inimicis manus tue.

Domine a paucis de terra diuide eos in vita eorum: de absconditis tuis adimpletus est venter eorum.

Saturati sunt filijs: et dimiserũt reliqas suas paruulis suis.

Ego aũt in iusticia apparebo in cõspectu tuo: satiabor cum apparuerit gloria tua.

Gloria. Añ. Ecce virgo concipiet et pariet filiũ et vocabitur nomẽ eius emanuel. Añ. Inclina dñe aurẽ tuã michi: et exaudi ver-

oratio christianorum populi contra potentiam turcorum

In dñica

In tribulatiōe mea inuocaui dominum:
et ad deum meum clamaui.
Et exaudiuit de templo ſancto ſuo vocem
meam: et clamoꝛ meus in cōſpectu eius in-
troiuit in aures eius.
Commota eſt ⁊ contremuit terra: fundamenta montiū conturbata ſunt ⁊ commota ſunt quoniam iratus eſt eis.
Aſcendit fumus in ira eius/ ⁊ ignis a facie eiꝰ exarſit: carbones ſuccēſi ſunt ab eo.
Inclinauit celos ⁊ deſcendit: ⁊ caligo ſub
pedibus eius.
Et aſcendit ſuper cherubin ⁊ volauit: volauit ſuper pennas ventoꝛum.
Et poſuit tenebꝛas latibulum ſuū in circuitu eius tabernaculum eius: tenebꝛoſa
aqua in nubibus aeris.
Pꝛe fulgoꝛe in cōſpectu eius nubes tran-
ſierunt: grando et carbones ignis.
Et intonuit de celo dñs ⁊ altiſſimus dedit
vocem ſuam: grando et carbones ignis.
Et miſit ſagittas ſuas et diſſipauit eos:
fulgura multiplicauit et conturbauit eos.
Et apparuerunt fontes aquarū: et reue-
lata ſunt fundamenta oꝛbis terrarum.
Ab increpatione tua domine: ab inſpira-

In dñica

Quoniã tu populũ humilẽ ſaluũ facies: et oculos ſuperboꝛum humiliabis.

Qm̃ tu illuminas lucernam meã: domĩe deus meus illumina tenebꝛas meas.

Qm̃ in te eripiar a temptatione: et in deo meo tranſgrediar murum.

Deus meus impolluta via eius/eloquia domini igne examinata: pꝛotectoꝛ eſt oĩm ſperantium in ſe.

Quoniam quis deus pꝛeter dominũ: aut quis deus pꝛeter deum noſtrum.

Deus qui pꝛecinxit me virtute: et poſuit immaculatam viam meam.

Qui perfecit pedes meos tanq̃ ceruoꝛũ: ⁊ ſuper excelſa ſtatuens me.

Qui docet manus meas ad pꝛelium: ⁊ poſuiſti vt arcum ereum bꝛachia mea.

Et dediſti michi protectionẽ ſalutis tue: et dextera tua ſuſcepit me.

Et diſciplina tua coꝛrexit me in finem: et diſciplina tua ipſa me docebit.

Dilataſti greſſus meos ſubtus me: et nõ ſunt infirmata veſtigia mea.

Perſequar inimicos meos et cõpꝛehendã illos: et non conuertar donec deficiant.

Confringam illos nec poterunt ſtare: ca-

Impleat dñs oẽs petitiões tuas: nunc cognoui quoniã saluũ fecit dñs christũ suũ.
Exaudiet illũ de celo sancto suo: in potentatibus salus dextere eius.
Hi in curribus et hi in equis: nos autẽ in noimine dñi dei nostri inuocabimus.
Ipsi obligati sunt ⁊ ceciderunt: nos autẽ surreximus et erecti sumus.
Dñe saluũ fac regem: ⁊ exaudi nos in die qua inuocauerimus te. Gloria patri. Añ.
Hora est iam nos de somno surgere ⁊ aperti sũt oculi nostri surgere ad xpm quia lux vera est fulgens in celis. Añ. Impleat dñs oñes petitiones tuas. Añ. Auxiliũ nobis saluator mitte salutis/ ⁊ tribuas vitã tempore perpetuam.

Per aduentũ. Post epyphaniã.

Gaudete. Dñe in virtute. Domine.

Per estatem.

Ipsum. R ex sine Dñe in vtu. ps. xx.

fiducia in deo

pro rege

pro rege

In dñica

Domine in virtute tua letabitur rex: et super salutare tuum exultabit vehementer.
Desideriũ cordis eius tribuisti ei: ⁊ volũtate labiorũ eius nõ fraudasti eũ.
Quoniam preuenisti eum in benedictionibus dulcedinis: posuisti in capite eius coronam de lapide precioso.
Vitam petijt a te: et tribuisti ei longitudinem dierum in seculũ ⁊ in seculũ seculi.
Magna gloria eius in salutari tuo: gloriam ⁊ magnũ decorẽ impones super eum.
Qm̃ dabis eũ in bñdictionẽ in seculũ scli: letificabis eum in gaudio cum vultu tuo.
Quoniã rex sperat in domĩo: et in misericordia altissimi non commouebitur.
Inueniatur manus tua omnibus inimicis tuis: dextera tua inueniat omnes qui te oderunt.
Pones eos vt clibanum ignis in tempore vultus tui: dominus in ira sua cõturbabit eos/ et deuorabit eos ignis.
Fructum eorum de terra perdes: et semẽ eorum a filijs hominum.
Qm̃ declinauerunt in te mala: cogitauerunt consilia que non potuerunt stabilire.

In dñica

runt et liberasti eos.

Ad te clamauerunt et salui facti sunt: in te sperauerunt et non sunt confusi.

Ego autem sum vermis & non homo: opprobrium hominum et abiectio plebis.

Omnes videntes me deriserunt me: locuti sunt labijs & mouerunt caput.

Sperauit in domino eripiat eum: saluũ faciat eum quoniam vult eum.

Quoniam tu es qui extraxisti me de ventre: spes mea abvberibus matris mee in te proiectus sum ex vtero.

De ventre matris mee deus meus es tu: ne discesseris a me.

Quoniam tribulatio proxima est: quoniam non est qui adiuuet.

Circundederũt me vituli multi: tauri pingues obsederunt me.

Aperuerunt super me os suum: sicut leo rapiens et rugiens.

Sicut aqua effusus sum: et dispersa sunt omnia ossa mea.

Factum est cor meũ tanq̃ cera liquescẽs: in medio ventris mei.

Aruit tanq̃ testa virtus mea / et lingua mea adhesit faucibus meis: et in puluerẽ

Ad primã. Fo.xvij.

mortis deduxisti me.
Quoniam circundederunt me canes multi: con silium malignantium obsedit me. contra demones
Foderunt manus meas et pedes meos: dinumerauerunt omnia ossa mea.
Ipsi vero consideauerunt & inspexerunt me: diuiserunt sibi vestimenta mea/& super vestem meam miserunt sortem.
Tu autẽ dñe ne elongaueris auxiliũ tuũ a me: ad defensionem meam conspice. contra demones
Erue a framea deus animã meam: et de manu canis vnicam meam.
Salua me ex ore leonis: & a cornibus vnicornium humilitatem meam.
Narrabo nomẽ tuum fratribus meis: in medio ecclesie laudabo te.
Qui timetis dominũ laudate eum: vniuersum semen iacob glorificate eum.
Timeat eum omñe semẽ israel: qm̃ nõ spreuit neq; despexit deprecationẽ pauperis.
Nec auertit faciem suam a me: & cum clamarem ad eum exaudiuit me.
Apud te laus mea in ecclesia magna: vota mea reddã in conspectu timentiũ eum.
Edent pauperes & saturabuntur: & laudabunt dominum qui requirunt eum/viuent

c.j.

Ad primā

corda eorum in seculum seculi.

Reminiscentur et conuertentur ad dn̄m: vniuersi fines terre.

Et adorabunt in conspectu eius: vniuerse familie gentium.

Qm̄ dn̄i est regnū: ⁊ ipse dn̄abitur gentiū.

Manducauerunt ⁊ adorauerunt oēs pingues terre: in conspectu eius cadent om̄es qui descendunt in terram

Et anima mea illi viuet: et semen meum seruiet ipsi.

Annunciabitur dn̄o generatio ventura: et annunciabūt celi iusticiam eius populo qui nascetur quē fecit dn̄s. Psalmus.xxij.

Dominꝰ regit me et nichil michi deerit: in loco pascue ibi me collocauit.

Super aquā refectiōis educauit me: animam meam conuertit.

Deduxit me super semitas iusticie: ppter nomen suum.

Nam et si ambulauero in medio vmbre mortis: non timebo mala qm̄ tu mecū es.

Virga tua et baculus tuus: ipsa me consolata sunt.

Parasti in cōspectu meo mensam: aduersus eos qui tribulant me.

Ad primã.

mini porte eternales: ⁊ introibit rex glorie
Quis est iste rex glorie: dñs virtutum ipse
est rex glorie. Psalmus.xxiiij.

AD te dñe leuaui aĩam meam: deus
meus in te confido non erubescam.
(demones) Neq; irrideãt me inimici mei: etenim vniuersi qui sustinent te non confundentur.
Cõfundant oẽs iniqua agẽtes: sup vacue
Vias tuas domine demõstra michi: et semitas tuas edoce me.
Dirige me in veritate tua et doce me: q̃a tu
es deꝰ saluator meꝰ/⁊ te sustinui tota die.
Reminiscere miserationũ tuarũ dñe: ⁊ mi
sericordiarum tuarum que a seculo sunt.
Delicta iuuentutis mee: et ignorantias
(pro peccatis) meas ne memineris.
Secundũ misericordiã tuã memẽto mei:
tu propter bonitatem tuam domine.
Dulcis et rectus dñs: propter hoc legem
dabit delinquentibus in via.
Diriget mãsuetos in iudicio: docebit mi-
tes vias suas.
Uniuerse vie dñi mia ⁊ veritas: requiren
tibus testamentũ eius et testimonia eius.
(pro peccatis) Propter nomen tuũ domie propiciaberis
peccato meo: multum est enim.

Quis est homo qui timet dominū: legem statuit ei in via quam elegit.
Anima eius in bonis demorabitur: et semen eius hereditabit terram.
Firmamentum est dominus timentibus eum: et testamentum ipsius vt manifestetur illis.
Oculi mei semper ad dñm: quoniam ipse euellet de laqueo pedes meos. de p[ec]cato aut carcere
Respice in me et miserere mei: q̇a vnicus et pauper sum ego.
Tribulationes cordis mei multiplicate sunt: de necessitatibus meis erue me.
Vide humilitatē meam et laborem meū: et dimitte vniuersa delicta mea.
Respice inimicos meos q̄m multiplicati sunt: et odio iniquo oderunt me.
Custodi animam meam et erue me: non erubescam quoniam speraui in te.
Innocentes & recti adheserūt michi: quia sustinui te.
Libera deus israel: ex omnibus tribulationibus suis. Gloria patri. Psalm⁹. xxv.
Iudica me dñe quoniā ego in innocentia mea ingressus sum: et in domino sperans non infirmabor.

c.iij.

Feria.ij.ad matu.　　Fo.xx.

Dominus illuminatio mea et salus mea: quem timebo. fiducia
Dominus protector vite mee:
a quo trepidabo.
Dum appropiant super me nocentes: vt
edant carnes meas.
Qui tribulant me inimici mei: ipsi infir- demones
mati sunt et ceciderunt.
Si consistant aduersum me castra: non ti
mebit cor meum.
Si exurgat aduersum me prelium: in hoc
ego sperabo.
Unã petij a dño hãc requirã: vt inhabitẽ
in domo dñi omnibus diebus vite mee.
Ut videam volũtatem domini: & visitem
templum eius.
Qm̃ abscõdit me in tabernaculo suo ĩ die
malorũ: ptexit me ĩ abscõdito tabernacli sui
In petra exaltauit me: et nunc exaltauit
caput meum super inimicos meos.
Circuiui et immolaui in tabernaculo ei9
hostiam vociferationis: cantabo & psalmũ
dicam domino.
Exaudi domĩe vocẽ meã qua clamaui ad
te: miserere mei et exaudi me.
Tibi dixit cor meũ exq̃siuit te facies mea:
c.iiij.

Feria.ij.

faciem tuam domine requiram.
Ne auertas faciem tuã a me: ne declines
in ira a seruo tuo.
Adiutor meus esto: ne derelinquas me/
neqȝ despicias me deus salutaris meus.
Quoniã pater meus ⁊ mater mea dereli-
querunt me: dñs autem assumpsit me.
Legẽ pone michi dñe in via tua: et dirige
me in semita recta propter inimicos meos
Ne tradideris me in animas tribulantiũ
me: quoniam insurrexerũt in me testes ini-
qui/ et mentita est iniquitas sibi.
Credo videre bona dñi: in terra viuentiũ.
Expecta dñm viriliter age: ⁊ cõfortet cor
tuum ⁊ sustine dominum. Psalmus.xxvij.
Ad te dñe clamabo deus meus ne sileas a me: nequando taceas a me/
et assimilabor descendentibus in lacum.
Exaudi domine vocem deprecatiõis mee
dum oro ad te: dum extollo manus meas
ad templum sanctum tuum.
Ne simul tradas me cum peccatoribus: ⁊
cum operantibus iniquitatẽ ne perdas me
Qui loquuntur pacem cum proximo suo:
mala autem in cordibus eorum.
Da illis scđm opera eorũ: et scđm nequi-

ad matu. Fo.xxi.

ciam adinuentionum ipsorum.
Secūdum opera manuum eorum tribue illis: redde retributionem eorum ipsis.
Quoniā non intellexerunt opera domini/ et in opera manuum eius: destrues illos et non edificabis eos.
Benedictus dominus: quoniam exaudiuit dominus vocem deprecationis mee.
Dn̄s adiutor meus et protector meus: et in ipso sperauit cor meum et adiutus sum.
Et refloruit caro mea: et ex volūtate mea confitebor ei.
Dominus fortitudo plebis sue: et ꝓtector saluationum christi sui est.
Saluum fac populū tuum domīe: ⁊ benedic hereditati tue: et rege eos ⁊ extolle illos vsq; in eternū. Gloria patri. Añ. Dn̄s defensor vite mee.

Adorate dn̄m. Afferte dn̄o. ps. xxviij.
Afferte dn̄o filij dei: afferte domino filios arietum.
Afferte dn̄o gloriā⁊ honorē/ afferte domīo gloriā nomini eius:

gratiarū actio de adiutorio

Feria.ij.

adorate dominum in atrio sancto eius.
Uox domini super aquas deus maiesta-
tis intonuit: dñs super aquas multas.
Uox dñi in ṽtute: vox dñi ĩ magnificẽtia.
Uox domini confringentis cedros: ⁊ confringet dominus cedros libani.
Et comminuet eas tanq̃ vitulũ libani: et
dilectus quemadmodũ filius vnicorniũ.
Uox domini intercidẽtis flammã ignis:
vox domini concutientis desertum/ ⁊ com-
mouebit dominus desertum cades.
Uox dñi preparantis ceruos/ ⁊ reuelabit
condensa: ⁊ in tẽplo eius oẽs dicent gloriã.
Dominus diluuium inhabitare facit: et
sedebit dominus rex in eternum.
Dñs virtutem populo suo dabit: dñs be-
nedicet populo suo in pace. Psalmꝰ. xxix.
Exaltabo te dñe qm̃ suscepisti me: nec
delectasti inimicos meos super me.
Dñe deꝰ meꝰ clamaui ad te: ⁊ sanasti me.
Domine eduxisti ab inferno animã meã:
saluasti me a descendentibus in lacum.
Psallite domino sancti eius: ⁊ confitemi-
ni memorie sanctitatis eius.
Quoniam ira in indignatione eius: ⁊ vita in voluntate eius.

cades.
tentatione
demonũ

ad matu. Fo.xxij.

Ad vesperū demorabitur fletus: & ad matutinum letitia.

Ego autem dixi in abundantia mea: non mouebor ineternum.

Domine in voluntate tua: prestitisti decori meo virtutem.

Auertisti faciē tuam a me: et factus sum conturbatus.

Ad te domine clamabo: & ad deum meum deprecabor.

Que vtilitas in sanguine meo: dū descendo in corruptionem.

Nunquid cōfitebitur tibi puluis: aut annunciabit veritatem tuam.

Audiuit dominus & misertus est mei: dominus factus est adiutor meus.

Cōuertisti planctū meū i gaudiū michi: cōcidisti saccū meū/& circūdedisti me leticia.

Ut cantet tibi gloria mea & nō cōpungar: dñe deus meus ineternū confitebor tibi.

Gloria patri. Sicut erat. Añ. Adorate dominum in aula sancta eius.

In tua iusticia. In te dñe spe. ps.xxx.

Feria.ij.

In te dñe speraui non confundar in eternũ: i iusticia tua libera me
Inclina ad me aurem tuam: accelera vt eruas me.
Esto michi in deum protectorem: et in domum refugij vt saluum me facias.
Quoniam fortitudo mea et refugiũ meũ es tu: et propter nomen tuum deduces me et enutries me.
Educes me de laqueo quem absconderũt michi: quoniam tu es protector meus.
In manus tuas cõmendo spiritũ meum: redemisti me domine deus veritatis.
Odisti obseruantes vanitates: supuacue.
Ego autem in domino speraui: exultabo et letabor in misericordia tua.
Quoniã respexisti humilitatẽ meam: saluasti de necessitatibus animam meam.
Nec conclusisti me in manibꝰ inimici: statuisti in loco spacioso pedes meos.
Miserere mei domine quoniam tribulor: cõturbatus est in ira oculus meus/anima mea et venter meus.
Quoniã defecit i dolore vita mea: & anni mei in gemitibus.
Infirmata est in paupertate virtus mea:

contra insidias demonũ

periclitantis aut morientis oratio

ereptus ab insidijs diaboli

et ossa mea conturbata sunt.
Super omēs inimicos meos factus sum
opprobrium vicinis meis valde: et timor
notis meis.
Qui videbāt me foras fugierūt a me: obli-
uioni datus sum tanq̄ mortuus a corde.
Factus sum tanq̄ vas perditū: quoniam
audiui vituperationem multorū commo-
rantium in circuitu.
In eo dum conuenirent simul aduersum
me: accipere aiam meam consiliati sunt.
Ego autē in te speraui domine: dixi deus
meus es tu in manibus tuis sortes mee.
Eripe me de manu inimicorū meorum: &
a persequentibus me.
Illustra faciem tuam super seruum tuū/
saluū me fac in misericordia tua: domine
non confundar quoniam inuocaui te.
Erubescant impij et deducantur in infernum: muta fiant labia dolosa.
Qui loquuntur aduersus iustum iniquitatem: in superbia et in abusione.
Q̄m magna multitudo dulcedinis tue domine: quam abscondisti timentibus te.
Perfecisti eis qui sperant in te: in cōspectu
filiorum hominum.

in infamia et periculo

demones

cōsolatio spiritus in tribulatione

Fo.xxiij. Ad primã

Abscondes eos in abscõdito faciei tue: a conturbatione hominum.
Protegas eos ĩ tabernaculo tuo: a cõtradictione linguarum.
Bñdictus dñs: qm̃ mirificauit misericordiam suam michi in ciuitate munita.
Ego autẽ dixi in excessu mentis mee: proiectus sum a facie oculorum tuorum.
Ideo exaudisti vocem oratiõis mee: dum clamarem ad te.
Diligite dñm oẽs sancti eius: qm̃ veritatem requiret dominus / et retribuet abundanter facientibus superbiam.
Viriliter agite & confortetur cor vestrum: omnes qui speratis in dño. Psalmus xxxj.
Beati quorum remisse sunt iniqtates: et quorum tecta sunt peccata.
Beatus vir cui non imputauit dñs peccatum: nec est in spiritu eius dolus.
Qm̃ tacui inueterauerũt ossa mea: dum clamarem tota die.
Quoniã die ac nocte grauata est sup me manus tua: conuersus sum in erũna mea dum configitur spina.
Delictum meum cognitum tibi feci: & iniusticiam meam non abscondi.

confessio peccati

Dixi confitebor aduersum me iniusticiã
meã dño: & tu remisisti impietatẽ pctĩ mei.
Pro hac orabit ad te oĩs sanctus: in tempore oportuno.
Ueruntamen in diluuio aquarum multarum: ad eum non approximabunt.
Tu es refugiũ meum a tribulatione que
circũdedit me: exultatio mea erue me a cir-
cundantibus me.
Intellectũ tibi dabo et instruam te in via
hac qua gradieris: firmabo super te oculos meos.
Nolite fieri sicut equus & mulus: quibus
non est intellectus.
In chamo et freno maxillas eorum con-
stringe: qui non approximant ad te.
Multa flagella peccatoris: sperantem au
tem in domino misericordia circundabit.
Letamini in domino et exultate iusti: et
gloriamini omnes recti corde. Gloria patri. Sicut erat. Añ. In tua iusticia libera
me domine.

Rectos decet. Exultate iusti. ps.xxxij.

Feria scda

Exultate iusti in domino: rectos decet laudatio.

Confitemini dño in cythara: in psalterio decē chordaꝝ psallite illi.

Cantate ei cāticum nouum: bene psallite ei in vociferatione.

Quia rectum est verbum domini: et omnia opera eius in fide.

Diligit misericordiam et iudicium: misericordia domini plena est terra.

Verbo domini celi firmati sunt: ⁊ spiritu oris eius omnis virtus eorum.

Congregans sicut in vtre aquas maris: ponens in thesauris abyssos.

Timeat dñm oīs terra: ab eo autem commoueantur omnes inhabitantes orbem.

Quoniā ipse dixit ⁊ facta sunt: ipse mandauit et creata sunt.

Dñs dissipat consilia gentium: reprobat autem cogitationes populorum / et reprobat consilia principum.

Consilium autem domini ineternum manet: cogitationes cordis eius in generatione et generationem.

Beata gens cuius est dñs deus eius: populus quē elegit in hereditatem sibi.

De celo respexit dominus: vidit omnes fi
lios hominum.
De preparato habitaculo suo: respexit su
per omnes qui habitant terram.
Qui finxit singillatim corda eorũ: qui intelligit omnia opera eorum.
Nõ saluatur rex per multã virtutẽ: & gygas
non saluabitur in multitudine virtutis sue.
Fallax equus ad salutem: in abũdantia
autem virtutis sue non saluabitur.
Ecce oculi dñi super metuentes eum: et in
eis qui sperant super misericordia eius.
Ut eruat a morte animas eorum: et alat
eos in fame.
Anima nostra sustinet dominũ: quoniã
adiutor et protector noster est.
Quia in eo letabitur cor nostrum: & in no
mine sancto eius sperauimus.
Fiat misericordia tua dñe sup nos: quē-
admodũ sperauimus in te. Psalmꝰ. xxxiij.
Benedicam dominũ in om̃i tempore:
semper laus eius in ore meo.
In domino laudabitur anima mea: au-
diant mansueti et letentur.
Magnificate dominum mecum: & exalte-
mus nomen eius in idipsum.

D.j.

Feria.ij.

Exquisiui dn̄m et exaudiuit me: et ex omnibus tribulationibus meis eripuit me.

Accedite ad eum ⁊ illuminamini: ⁊ facies vestre non confundentur.

Iste pauper clamauit ⁊ dominus exaudiuit eum: et ex omnibus tribulationibꝰ eius saluauit eum.

Immittit angelus domini in circuitu timentium eum: et eripiet eos.

Gustate et videte quoniā suauis est dn̄s: beatus vir qui sperat in eo.

Timete dn̄m om̄es sancti eius: quoniam non est inopia timentibus eum.

Diuites eguerunt et esurierūt: inquirentes autē dn̄m non minuentur omni bono.

Uenite filij audite me: timorē domini docebo vos.

Quis est homo qui vult vitā: diligit dies videre bonos.

Prohibe linguam tuam a malo: et labia tua ne loquantur dolum.

Diuerte a malo ⁊ fac bonum: inquire pacem et persequere eam.

Oculi domini super iustos: et aures eius ad preces eorum.

Uultus autem dn̄i sup̄ faciētes mala: vt

ad matu. Fo.xxvi.

perdat de terra memoriam eorum.

Clamauerunt iusti & dñs exaudiuit eos: et ex omnibus tribulationibus eorum liberauit eos.

Iuxta est dñs his qui tribulato sunt corde: et humiles spiritu saluabit.

Multe tribulationes iustorum: et de omnibus his liberabit eos dominus.

Custodit dominus omnia ossa eorũ: vnũ ex his non conteretur.

Mors peccatorum pessima: & qui oderunt iustum delinquent.

Redimet dominus animas seruorũ suorum: et non delinquent omnes qui sperant in eo. Gloria patri et filio. Sicut erat. Añ.

Rectos decet collaudatio.

Expugna. Iudica dñe. Psalm[9] xxxiiii.

Iudica domie nocentes me: expugna impugnantes me.

Apprehẽde arma et scutũ: et exurge in adiutorium michi.

Effunde frameam et conclude aduersus eos qui psequuntur me: dic anime mee sa-

cotra demones

D.ii.

Feria.ij.

lus tua ego sum.

Confundantur et reuereantur: querētes animam meam.

Auertantur retrorsum & confundantur: cogitantes michi mala.

Fiat tanq̄ puluis ante faciē venti: et angelus domini coartans eos.

Fiat via illorū tenebre et lubricum: & angelus domini persequens eos.

Quoniam gratis absconderunt michi interitum laquei sui: superuacue exprobrauerunt animam meam.

Ueniat illi laqueus quem ignorat: et captio quam abscondit apprehendat eum/et in laqueum cadat in ipsum.

Anima autem mea exultabit in domio: & delectabitur super salutari suo.

Omnia ossa mea dicēt: dn̄e q̄s similis tui.

Eripiens inopem de manu fortiorū eius: egenū et pauperem a diripientibus eum.

Surgentes testes iniqui: que ignorabam interrogabant me.

Retribuebant michi mala pro bonis: sterilitatem anime mee.

Ego autem cum michi molesti essent: induebar cilicio.

contra demones

ad matu. Fo.xxvii.

Humiliabam in ieiunio animã meam: et
oratio mea in sinu meo conuertetur.
Quasi proximũ quasi fratrem nostrum
sic complacebam: quasi lugens et cõtrista-
tus sic humiliabar.
Et aduersum me letati sunt ⁊ cõuenerũt:
cõgregata sunt sup me flagella ⁊ ignoraui
Dissipati sunt nec cõpuncti: temptauerũt
me/subsannauerũt me subsannatiõe fren-
duerunt super me dentibus suis.
Dñe quãdo respicies: restitue aĩam meã
a malignitate eorũ/a leonibus vnicã meã.
Cõfitebor tibi in ecclesia magna: in popu
lo graui laudabo te.
Non supergaudeant michi qui aduersan
tur michi inique: qui oderunt me gratis et
annuunt oculis.
Qm̃ michi quidẽ pacifice loquebant̃: ⁊ in
iracundia terre loquẽtes/dolos cogitabãt
Et dilatauerunt super me os suum: dixerunt euge euge viderunt oculi nostri.
Vidisti domine ne sileas: domine ne disce
das a me.
Exurge ⁊ intẽde iudicio meo: deus meus
et dominus meus in causam meam.
Iudica me secundũ iusticiã tuã dñe deus

D.iii.

Feria.ij.

meus: et non supergaudeant michi.
Non dicant in cordib⁹ suis euge euge ani
me nostre: nec dicant deuorabimus eum.
Erubescāt et reuereantur simul: qui gra=
tulantur malis meis.
Induantur confusione et reuerentia: qui
maligna loquuntur super me.
Exultent & letentur qui volunt iusticiam
meam: et dicant semper magnificetur do=
minus qui volunt pacem serui eius.
Et lingua mea meditabitur iusticiā tuā:
tota die laudem tuam. Psalmus.xxxv.
Dixit iniustus vt delinquat in semet=
ipso: nō est timor dei ante oclos ei⁹.
Qm̄ dolose egit in cōspectu eius: vt inue=
niatur iniquitas eius ad odium.
Uerba oris eius iniqtas et dolus: noluit
intelligere vt bene ageret.
Iniqtatē meditatus est in cubili suo: asti=
tit oi vie non bone maliciā autē nō odiuit.
Domine in celo misericordia tua: et veri=
tas tua vsq3 ad nubes.
Iusticia tua sicut mōtes dei: iudicia tua
abyssus multa.
Hoies & iumēta saluabis dn̄e: quēadmo=
dum multiplicasti misericordiā tuā deus.

Filij autem hominum: in tegmine alarũ tuarum sperabunt.
Inebriabuntur ab vbertate domus tue: et torrente voluptatis tue potabis eos.
Quoniã apud te est fons vite: & in lumine tuo videbimus lumen.
Pretende misericordiam tuam sciẽtibus te: & iusticiam tuã his qui recto sunt corde.
Non veniat michi pes superbie: & manus peccatoris non moueat me.
Ibi ceciderunt qui operantur iniquitatẽ: expulsi sunt nec potuerunt stare. Gloria.
An. Expugna impugnantes me.

Reuela. Noli emulari. Psalmus. xxxvj.
Noli emulari in malignantibus: neq̃ zelaueris facientes iniquitatem.
Quoniam tanq̃ fenum velociter arescent: et quemadmodũ olera herbarum cito decident.
Spera in dño et fac bonitatem: & inhabita terram/ et pasceris in diuitijs eius.
Delectare in domino: & dabit tibi petitio-

D.iiij.

ne quis inuideat ĩproborũ prosperitati

Feria.ij.

nes cordis tui.
Reuela domino viam tuam: & spera in eo et ipse faciet.
Et educet quasi lumen iusticiam tuam: & iudicium tuum tanq̄ meridiem: subditus esto domino et ora eum.
Noli emulari i eo qui prosperatur in via sua: in homine faciente iniusticias.
Desine ab ira & derelinque furorem: noli emulari vt maligneris.
Qm̄ qui malignātur exterminabunt: sustinentes autē dn̄m ipsi hereditabūt terrā.
Et adhuc pusillum et non erit peccator: & queres locum eius et non inuenies.
Mansueti autem hereditabunt terram: & delectabuntur in multitudine pacis.
Obseruabit peccator iustum: et stridebit super eum dentibus suis.
Dominus autem irridebit eum: quoniā prospicit q̄ veniat dies eius.
Gladium euaginauerunt peccatores: intenderunt arcum suum.
Ut decipiant pauperem & inopem: vt trucident rectos corde.
Gladius eorum intret in corda ipsorum: et arcus eorum confringatur.

Melius est modicum iusto: super diuitias peccatorum multas.

Quoniam brachia peccatorum conterentur: confirmat autem iustos dominus.

Nouit dominus dies immaculatorum: & hereditas eorum in eternum erit.

Nō cōfundentur in tēpore malo / & in diebus famis saturabūtur: q̄a pctōres peribunt.

Inimici vero dn̄i mox vt honorificati fuerint et exaltati: deficientes quemadmodū fumus deficient.

Mutuabitur peccator et nō soluet: iustus autem miseretur et tribuet.

Quia benedicentes ei hereditabūt terrā: maledicentes autem ei disperibunt.

Apud dominū gressus hominis dirigentur: et viam eius volet.

Cum ceciderit iustus nō collidetur: quia dominus supponit manum suam.

Iunior fui etenī senui: et nō vidi iustū derelictū / nec semen eius querens panem.

Tota die miseretur & commodat: et semē illius in benedictione erit.

Declina a malo & fac bonum: & inhabita in seculum seculi.

Quia dn̄s amat iudicium / & non derelin-

Feria .ij.

quet sctōs suos: ineternū cōseruabuntur.
Iniusti punientur: ⁊ semē impioꝝ peribit
Iusti autē hereditabunt terram: et inha-
bitabunt in seculum seculi super eam.
Os iusti meditabitur sapientiā: et lingua
eius loquetur iudicium.
Lex dei eius in corde ipsius: ⁊ nō supplan
tabuntur gressus eius.
Cōsiderat peccator iustum: ⁊ querit mor-
tificare eum.
Dn̄s autē non derelinquet eum in manibus eius: nec dānabit eū cū iudicabit illi.
Expecta dn̄m ⁊ custodi viam eius: ⁊ exal-
tabit te vt hereditate capias terram / cum
perierint peccatores videbis.
Vidi impium superexaltatū: ⁊ eleuatum
sicut cedros libani.
Et transiui et ecce non erat: quesiui eum
et non est inuentus locus eius.
Custodi innocentiam et vide equitatem:
quoniā sunt reliquie homini pacifico.
Iniusti autem disperibūt simul: reliquie
impiorum interibunt.
Salus autem iustorum a domino: ⁊ protector eorum in tempore tribulationis.
Et adiuuabit eos dn̄s et liberabit eos / et

ad matu. Fo.xxx.
eruet eos a pctõribus/ & saluabit eos: quia
sperauerunt in eo. Psalmus.xxxvij.
Domie ne in furore tuo arguas me:
neqꝫ in ira tua corripias me.
Quoniam sagitte tue infixe sunt michi: &
confirmasti super me manum tuam.
Nõ est sanitas i carne mea a facie ire tue:
nõ est pax ossib⁹ meis a facie pctõꝝ meorũ.
Qm iniqtates mee supgresse sunt caput
meũ: sicut on⁹ graue grauate sunt sup me.
Putruerũt et corrupte sũt cicatrices mee:
a facie insipientie mee.
Miser factus sum & curuatus sum vsqꝫ in
finem: tota die contristatus ingrediebar.
Qm lumbi mei impleti sunt illusiõibus:
et non est sanitas in carne mea.
Afflictus sum et humiliatus sum nimis:
rugiebam a gemitu cordis mei.
Dñe ante te oĩe desideriũ meũ: et gemitus meus a te non est absconditus.
Cor meum conturbatũ est / dereliquit me
virtus mea: & lumen oculorum meorum &
ipsum non est mecum.
Amici mei et proximi mei: aduersum me
appropinquauerunt et steterunt.
Et qui iuxta me erant de longe steterunt:

psalmus efficax ad consequendã veniã

Feria.ij.

et vim faciebāt qui querebant aīam meā.
Et qui inqrebant mala michi locuti ſunt
vanitates: ⁊ dolos tota die meditabantur.
Ego autem tanq̄ ſurdus nō audiebam:
et ſicut mutus non aperiens os ſuum.
Et factus ſum ſicut homo non audiens:
et non habens in ore ſuo redargutiones.
Quoniam in te domine ſperaui: tu exau-
dies me domine deus meus.
Quia dixi nequādo ſupgaudeāt mihi inimici mei: et dum commouentur pedes mei
ſuper me magna locuti ſunt.
Qm̄ ego in flagella paratus ſum: ⁊ dolor
meus in conſpectu meo ſemper.
Qm̄ iniquitatē meam annunciabo: et co-
gitabo pro peccato meo.
Inimici autem mei viuunt/ ⁊ confirmati
ſunt ſuper me: et multiplicati ſunt qui oderunt me inique.
Qui retribuunt mala pro bonis detrahe-
bant michi: quoniā ſequebar bonitatem.
Ne derelinquas me domine deus meus:
ne diſceſſeris a me.
Intēde in adiutoriū meū: dn̄e deꝰ ſalutis
mee. Gloria. An̄. Reuela dn̄o viam tuam
V. Domine in celo: miſericordia tua. R. Et

Feria.iij.ad mat. Fo.xxxj.

veritas tua vsq3 ad nubes. ¶ Feria tertia.

Ut non delinquã. Dixi custo. ps.xxxviij.

Dixi custodiam vias meas: vt nõ
delinquam in lingua mea.
Posui ori meo custodiam: cum
consisteret peccator aduersũ me.
Obmutui & humiliatus sum & silui a bo=
nis: et dolor meus renouatus est.
Concaluit cor meum intra me: & in medi-
tatione mea exardescet ignis.
Locutus sum in lingua mea: notum fac
michi domine finem meum.
Et numerum dierum meorum qui est: vt
sciam quid desit michi.
Ecce mensurabiles posuisti dies meos: et
substantia mea tanq̃ nichilum ante te.
Ueruntamen vniuersa vanitas: omnis
homo viuens.
Ueruntamen in imagine pertransit ho=
mo: sed et frustra conturbatur.
Thesaurizat: & ignorat cui cõgregabit ea
Et nunc que est expectatio mea nonne do=
minus: et substantia mea apud te est.

maledictis abstinendū

Feria.iij.

Ab omnibus iniquitatib9 meis erue me: opprobrium insipienti dedisti me.
Obmutui ⁊ non aperui os meũ quoniam tu fecisti: amoue a me plagas tuas.
A fortitudine manus tue ego defeci in increpationibus: propter iniquitatem corripuisti hominem.
Et tabescere fecisti sicut araneã aĩam ei9: veruntamen vane cõturbatur oĩs homo.
Exaudi orationẽ meã dñe/⁊ deprecationẽ meã: auribus percipe lachrymas meas.
Ne sileas qm̃ aduena ego sum apud te: et peregrinus sicut omnes patres mei.
Remitte michi vt refrigerer priusq̃ abeã: et amplius non ero. Psalmus.xxxix.
Expectans expectaui dñm: et intendit michi.
Et exaudiuit preces meas: ⁊ eduxit me de lacu miserie/et de luto fecis.
Et statuit supra petram pedes meos: ⁊ direxit gressus meos.
Et immisit in os meum canticum nouũ: carmen deo nostro.
Videbunt multi ⁊ timebunt: ⁊ sperabunt in domino.
Beatus vir cuius est nomẽ dñi spes eius:

Feria.iij.

mei:et coꝛ meum dereliquit me.

Complaceat tibi domine vt eruas me:domine ad adiuuandum me respice.

Confundantur et reuereantur simul:qui querunt animam meam vt auferant eam.

Cõuertantur retroꝛsum et reuereantur: qui volunt michi mala.

Ferant confestim cõfusionem suam: qui dicunt michi euge euge.

Exultent et letentur super te omnes querentes te:⁊ dicant semper magnificetur dominus qui diligunt salutare tuum.

Ego autem mendicus sum et pauper:dominus sollicitus est mei.

Adiutoꝛ meus et ꝓtectoꝛ meus tu es: deꝰ meus ne tardaueris Gloꝛia patri. Añ. Ut non delinquam in lingua mea.

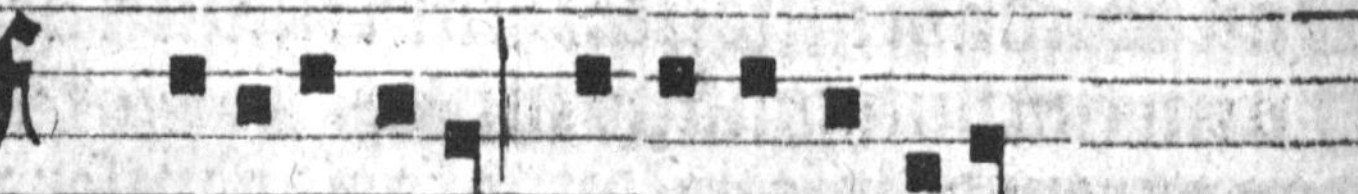

Sana dñe. Beatus q̄ intel. Psalmꝰ.xl.

Beatus qui intelligit super egenũ et pauperem. in die mala liberabit eum dominus.

Dominus cõseruet eum ⁊ viuificet eum/ ⁊ beatum faciat eum in terra:et

elee mo[s]yna in paupere

non tradat eum in animã inimicorũ eius.
Dominus opem ferat illi sup lectum doloris eius: vniuersum stratum eius versasti in infirmitate eius.
Ego dixi domine miserere mei: sana animam meam quia peccaui tibi.
Inimici mei dixerũt mala michi: quando morietur et peribit nomen eius. demones
Et si ingrediebať vt videret vana loquebatur: cor eius cõgregauit iniquitatẽ sibi.
Egrediebať foras: et loq̃bať in idipsum.
Aduersum me susurrabant om̃es inimici mei: aduersum me cogitabãt mala michi.
Verbũ iniquũ cõstituerũt aduersum me: nunq̃d qui dormit nõ adijciet vt resurgat.
Etenim homo pacis mee in quo speraui qui edebat panes meos: magnificauit super me supplantationem.
Tu autem domĩe miserere mei: ꝛ resuscita me et retribuam eis.
In hoc cognoui qm̃ voluisti me: qm̃ non gaudebit inimicus meus super me.
Me autẽ propter innocẽtiam suscepisti: et cõfirmasti me in cõspectu tuo ineternum.
Benedictus dñs deus israel a seculo et in seculum: fiat fiat. Psalmus.xli.

e.i.

Feria.iij.

Quemadmodū desiderat ceruus ad fontes aquarum: ita desiderat anima mea ad te deus.

Sitiuit anima mea ad deū fontem viuū: quando veniā & apparebo ante faciē dei.

Fuerūt michi lachrymę meę panes die ac nocte: dū dicit mihi quotidie vbi est deꝰ tuꝰ.

Hec recordatus sum et effudi in me aiam meam: quoniam transibo in locum tabernaculi admirabilis vsq; ad domum dei.

In voce exultationis et confessionis: sonus epulantis.

Quare tristis es anima mea: & quare cōturbas me.

Spera in deo: qm̄ adhuc confitebor illi salutare vultus mei et deus meus.

Ad meipsum anima mea conturbata est: propterea memor ero tui de terra iordanis et hermonij a monte modico.

Abyssus abyssum inuocat: in voce cathractarum tuarum.

Omnia excelsa tua & fluctus tui: super me transierunt.

In die mandauit dominus misericordiā suam: et nocte canticum eius.

Apud me oratio deo vite mee: dicam deo

felix qui quod ex aio potest dicere

in tribulatione

Feria.iij.

das me.

Spera in deo: quoniã adhuc cõfitebor illi ſalutare vultus mei et deus meus.

Eructauit. Deus auribus. ps. xliij.

Deus aurib⁹ noſtris audiuimus: patres noſtri annunciauerunt nobis.

Opus quod operatus es in diebus eorũ: et in diebus antiquis.

Manus tua gentes diſperdidit / et plãtaſti eos: afflixiſti populos et expuliſti eos.

Nec enim in gladio ſuo poſſederũt terrã: et brachium eorum non ſaluauit eos.

Sed dextera tua et brachiũ tuũ et illuminatio vultus tui: quoniã cõplacuiſti in eis.

Tu es ipſe rex meus et deus meus: q̃ mãdas ſalutes iacob.

In te inimicos noſtros vẽtilabimus cornu: et in nomine tuo ſpernemus inſurgentes in nobis.

Non enĩ in arcu meo ſperabo: et gladius meus non ſaluabit me.

Saluaſti enim nos de affligentibus nos: et odientes nos confudiſti.

ad matu. Fo.xxxv.

In deo laudabimur tota die: ⁊ in nomine
tuo confitebimur in seculum.
Nunc autem repulisti et confudisti nos: ⁊
non egredieris deus in virtutibus nostris.
Auertisti nos retrorsum post iimicos no=
stros: et qui oderunt nos diripiebant sibi.
Dedisti nos tanq̄ oues escarum: ⁊ in gen
tibus dispersisti nos.
Uendidisti populū tuū sine precio: et non
fuit multitudo in cōmutationibus eorū.
Posuisti nos opprobrium vicinis nostris:
subsannationem et derisum his qui in cir=
cuitu nostro sunt.
Posuisti nos in similitudinem gentibus:
commotionem capitis in populis.
Tota die verecundia mea contra me est:
et confusio faciei mee cooperuit me.
A voce exprobrantis ⁊ obloquentis: a fa=
cie inimici et persequentis.
Hec oīa venerūt sup̄ nos nec obliti sumus
te: et inique non egimus in testamēto tuo.
Et non recessit retro cor nostrum: et decli=
nasti semitas nostras a via tua.
Quoniā humiliasti nos in loco afflictio=
nis: et cooperuit nos vmbra mortis.
Si obliti sumus nomen dei nostri: ⁊ si ex=

e.iij.

Feria.iij.

pandimus manus nostras ad deū alienū.
Nōne deus requiret ista: ipse enim nouit
abscondita cordis.
Qm̄ ꝓpter te mortificamur totā die: esti-
mati sumus sicut oues occisiones.
Exurge quare obdormis domine: exurge
et ne repellas in finem.
Quare faciem tuā auertis: obliuisceris
inopie nostre et tribulationis nostre.
Quoniam humiliata est in puluere anima nostra: conglutinatus est in terra venter noster.
Exurge domīe adiuua nos: ⁊ redime nos
propter nomen tuum. Psalmus.xliiij.
Eructauit cor meum verbum bonū:
dico ego opera mea regi.
Lingua mea calamꝰ scribe: velociter scri-
bentis.
Speciosus forma pre filijs hoīm: diffusa
est gratia in labijs tuis/ propterea bn̄dixit
te deus in eternum.
Accingere gladio tuo super femur tuum:
potentissime.
Specie tua et pulchritudine tua: intende
prospere procede et regna.
Propter veritatē ⁊ mansuetudinē et iusti-

Feria.iij.

stitues eos principes super omnem terrã.

Memores erunt nominis tui domine: in omni generatione et generationem.

Propterea populi confitebuntur tibi: in eternũ ⁊ in seculũ seculi. Gloria. Añ. Eructauit cor meum verbum bonum.

Adiutor. Deus noster refu. Psalmꝰ xlv.

Deus noster refugium et virtus: adiutor in tribulatiõibus que inuenerunt nos nimis.

fiducia in deo adversus tribulatione

Propterea nõ timebimus dum turbabit terra: ⁊ transferẽtur montes in cor maris.

Sonuerunt et turbate sunt aque eorum: cõturbati sunt montes in fortitudine eius.

Fluminis impetus letificat ciuitatẽ dei: sanctificauit tabernaculũ suũ altissimus.

Deus in medio eius non commouebitur: adiuuabit eam deus mane diluculo

Conturbate sunt gentes et inclinata sunt regna: dedit vocem suam mota est terra.

Dominus virtutum nobiscum: susceptor noster deus iacob.

Venite ⁊ videte opera domini: que posuit

prodigia super terram.
Auferēs bella vsq; ad finē terre: arcū cōteret ⁊ cōfringet arma ⁊ scuta cōburet igni.
Uacate et videte qm̄ ego sum deus: exaltabor in gentibus et exaltabor in terra.
Dominus virtutum nobiscum: susceptor noster deus iacob. Psalmus.xlvj.
Omnes gentes plaudite manibus: iubilate deo in voce exultationis.
Qm̄ dominus excelsus terribilis: rex magnus super omnem terram.
Subiecit populos nobis: ⁊ gentes sub pedibus nostris.
Elegit nobis hereditatem suam: speciem iacob quem dilexit.
Ascendit deus in iubilo: et dominus in voce tube.
Psallite deo nr̄o psallite: psallite regi nostro psallite.
Qm̄ rex oīs terre deus: psallite sapienter.
Regnabit deus super gentes: deus sedet super sedem sanctam suam.
Principes populorū congregati sunt cum deo abraham: quoniam dij fortes terre vehementer eleuati sunt. Gloria patri. Añ. Adiutor in tribulationibus.

Feria.iij.

Auribꝰ pcipite. Magnus dñs. ps.xlvij.

Magnus dominus et laudabilis nimis: in ciuitate dei nostri in monte
sancto eius.

Fundat exultatione vniuerse terre mōs
syon: latera aqlonis ciuitas regis magni.

Deus in domibꝰ eius cognoscetur: cum
suscipiet eam.

Quoniā ecce reges terre cōgregati sunt:
conuenerunt in vnum.

Ipsi videntes sic admirati sunt: conturbati sunt commoti sunt tremor appreh en-
dit eos.

Ibi dolores vt parturientis: in spiritu vehementi conteres naues tharsis.

Sicut audiuimus sic vidimus in ciuitate
domini virtutum/in ciuitate dei nostri: deꝰ
fundauit eam in eternum.

Suscepimus deus misericordiam tuam:
in medio templi tui.

Scdm nomē tuum deus sic et laus tua in
fines terre: iusticia plena est dextera tua.

Letetur mons syon et exultent filie iude:

ꝓpter iudicia tua domine.

Circundate syon et complectimini eam: narrate in turribus eius.

Ponite corda vestra in virtute eius/ et distribuite domos eius: vt enarretis in progenie altera.

Qm̄ hic est deꝰ deus noster ineternū et in sclm̄ sclī: ipse reget nos in secula. ps.xlviij.

Audite hec oēs gentes: auribus percipite omnes qui habitatis orbem.

Quiqꝫ terrigene et filij hominum: simul in vnum diues et pauper.

Os meum loquetur sapientiam: et meditatio cordis mei prudentiam.

Inclinabo in parabolam aurem meam: aperiam in psalterio propositionē meam.

Cur timebo in die mala: iniquitas calcanei mei circumdabit me.

Qui confidunt invirtute sua: et in multitudine diuitiarum suarum gloriantur.

Frater non redimit redimet homo: non dabit deo placationem suam.

Et preciū redemptionis anime sue: et laborabit ineternū/ et viuet adhuc in finem.

Non videbit interitū cū viderit sapientes moriētes: simul insipiēs ⁊ stultus peribūt.

Feria.iij.

Et relinquent alienis diuitias suas: & se-
pulchra eorum domus illorū in eternum.
Tabernacula eorū in pgenie & progenie:
vocauerunt nomina sua in terris suis.
Et homo cū in honore esset non intellexit:
comparatus est iumentis insipientibus/ et
similis factus est illis.
Hec via illorum scādalum ipsis: et postea
in ore suo complacebunt.
Sicut oues in iferno positi sunt: mors de-
pascet eos.
Et dn̄abunt eor iusti in matutino: et auxiliū eor veterascet in inferno a gl'ia eorū.
Ueruntamē deus redimet animā meam
de manu inferi: cum acceperit me.
Ne timueris cum diues factus fuerit hō:
et cum multiplicata fuerit gl'ia domus eius.
Quoniam cum interierit non sumet omnia: neq; descendet cum eo gloria eius.
Quia anima eius in vita ipsius b̄ndicet:
confitebitur tibi cum benefeceris ei.
Introibit vsq; in progenies patrū suorū:
et vsq; in eternū non videbit lumen.
Homo cum in honore esset non intellexit:
cōparatus est iumētis insipientibus et similis
factus est illis. Gloria. An. Auribus per-

ad matu. Fo.xxxix.

cipite qui habitatis orbem.

Deus deorũ. Idem. Psalm⁹.xlix.

DEus deorum dominus locutus est: et vocauit terram.

A solis ortu vsq ad occasum: ex syon species decoris eius.

Deus manifeste veniet: deus noster & nõ silebit.

Ignis in conspectu eius exardescet: et in circuitu eius tempestas valida.

Aduocauit celum desursum: & terram discernere populum suum.

Congregate illi sanctos eius: q ordinant testamentum eius super sacrificia.

Et annunciabunt celi iusticiam eius: qm deus iudex est.

Audi populus meus & loquar israel: & testificabor tibi deus deus tuus ego sum.

Non in sacrificijs tuis arguã te: holocausta autem tua in conspectu meo sunt semp.

Non accipiam de domo tua vitulos: neq de gregibus tuis hyrcos.

Quoniam mee sunt omnes fere siluarũ:

Feria.iij.

iumenta in montibus et boues.
Cognoui omnia volatilia celi: et pulchritudo agri mecum est.
Si esuriero nõ dicam tibi: meus est enim orbis terre et plenitudo eius.
Nunquid mãducabo carnes taurorum: aut sanguinem hyrcorum potabo.
Immola deo sacrificium laudis: & redde altissimo vota tua.
Et inuoca me in die tribulationis: & eruã te et honorificabis me.
Peccatori autẽ dixit deus: quare tu enarras iusticias meas/ & assumis testamentũ meum per os tuum.
Tu vero odisti disciplinã: et proiecisti sermones meos retrorsum.
Si videbas furem currebas cum eo: et cũ adulteris portionem tuam ponebas.
Os tuũ abundauit malicia: & lingua tua concinnabat dolos.
Sedẽs aduersus fratrẽ tuũ loquebaris/ et aduersus filiũ matris tue ponebas scandalum: hec fecisti et tacui.
Existimasti iniq̃ quod ero tui similis: arguã te et statuam contra faciem tuam.
Intelligite hec qui obliuiscimini deum:

nequando rapiat et non sit qui eripiat.
Sacrificium laudis honorificabit me: et illic iter quo ostendam illi salutare dei.
Non dicitur ad noctur. Psalmus.l.
Miserere mei deus: secundũ magnã misericordiam tuam.
Et scd̃m multitudinẽ miserationũ tuarum: dele iniquitatem meam.
Amplius laua me ab iniquitate mea: et a peccato meo munda me.
Quoniã iniquitatẽ meã ego cognosco: et peccatum meum contra me est semper.
Tibi soli peccaui et malum coram te feci: vt iustificeris in sermonibus tuis et vincas cum iudicaris.
Ecce enim in iniqtatibus conceptus sum: et in peccatis concepit me mater mea.
Ecce enim veritatẽ dilexisti: incerta et occulta sapientie tue manifestasti michi.
Asperges me ysopo et mundabor: lauabis me et super niuem dealbabor.
Auditui meo dabis gaudiũ et leticiam: et exultabunt ossa humiliata.
Auerte faciem tuam a peccatis meis: et omnes iniquitates meas dele.
Cor mundum crea in me deus: et spiritũ

Feria.iij.

rectũ innoua in visceribus meis.

Ne proiicias me a facie tua: & spm̃ sanctũ tuum ne auferas a me.

Redde michi leticiam salutaris tui: & spiritu principali confirma me.

Docebo iniquos vias tuas: et impij ad te conuertentur.

Libera me de sanguinib' deus deus salutis mee: & exultabit ligua mea iusticiã tuã

Domine labia mea aperies: et os meum annunciabit laudem tuam.

Quoniam si voluisses sacrificiũ dedissem vtiq3: holocaustis non delectaberis.

Sacrificiũ deo spiritus cõtribulatus: cor contritũ et humiliatũ deus non despicies.

Benigne fac domie in bona volũtate tua syon: et edificentur muri hierusalem.

Tunc acceptabis sacrificiũ iusticie oblationes & holocausta: tunc imponent super altare tuum vitulos. Psalmus.lj.

Quid gloriaris in malicia: qui potẽs es in iniquitate.

Tota die iniusticiã cogitauit lingua tua: sicut nouacula acuta fecisti dolum.

Dilexisti maliciã super benignitatẽ: iniquitatem magis q̃ loqui equitatem.

ad matu. Fo.xlj.

Dilexisti omnia verba p̄cipitatiōis: lingua dolosa.

Propterea deus destruet te in finē: euellet te & emigrabit te de tabernaculo tuo/ & radicem tuam de terra viuentium.

Uidebunt iusti et timebunt/ et super eum ridebunt et dicent: ecce homo qui nō posuit deum adiutorem suum.

Sed sperauit in multitudine diuitiarum suarum: et preualuit in vanitate sua.

Ego autem sicut oliua fructifera in domo dei: speraui in misericordia dei in eternum et in seculum seculi.

Confitebor tibi in seculum quia fecisti: et expectabo nomen tuum/ quoniam bonum est in conspectu sanctorum tuorum. Gloria patri et filio: et spiritui sancto. Sicut erat in principio et nunc et semper: et in secula seculorum amen. Añ. Deus deorum dominus locutus est. ℣. Immola deo: sacrificium laudis. ℟. Et redde altissimo vota tua. ¶ Feria quarta. Añ.

Auertet dñs. Dixit insipiēs. Psalm⁹ lij.

f.j.

Feria.iiij.

Dixit insipiēs in corde suo: non est
deus.
Corrupti sunt & abhominabiles
facti sunt in iniquitatibus: non
est qui faciat bonum.
Deus de celo ꝓspexit suꝑ filios hominū:
vt videat si est intelligēs aut requirēs deū.
Oēs declinauerūt simul inutiles facti sūt:
non est qui faciat bonū nō est vsqꝫ ad vnū.
Nōne sciēt oēs qui operantur iniquitatē:
qui deuorant plebem meam vt cibū panis.
Deum non inuocauerūt: illic trepidauerunt timore vbi non fuit timor.
Qm̄ deus dissipauit ossa eoꝝ qui hoībus
placent: confusi sunt qm̄ deus spreuit eos.
Quis dabit ex syon salutare israel: cū cō-
uerterit deus captiuitatem plebis sue exul
tabit iacob et letabitur israel.
¶Non dicitur ad noctur. Psalmus.liij.
Deus in nomine tuo saluum me fac:
et in virtute tua iudica me.
Deus exaudi orationem meam: auribꝰ
percipe verba oris mei.
Qm̄ alieni insurrexerūt aduersum me/et
fortes quesierunt animam meam: et non
proposuerunt deum ante conspectū suum.

Ecce enim deus adiuuat me: et dominus
ſuſceptor eſt anime mee.
Auerte mala inimicis meis: in veritate
tua diſperde illos.
Voluntarie ſacrificabo tibi: ⁊ confitebor
nomini tuo domine quoniam bonum eſt.
Quoniam ex omni tribulatione eripuiſti
me: et ſuper inimicos meos deſpexit ocu=
lus meus. Pſalmus.liiij.
Exaudi deus orationem meam/ et ne
deſpexeris deprecationē meā: intēde
michi et exaudi me.
Contriſtatus ſum in exercitatione mea ⁊
conturbatus ſum: a voce inimici et a tribu
latione peccatoris.
Quoniam declinauerunt in me iniquita
tes: et in ira moleſti erant michi.
Cor meum conturbatum eſt in me: ⁊ for=
mido mortis cecidit ſuper me.
Timor et tremor venerūt ſuper me: ⁊ cō=
texerunt me tenebre.
Et dixi/ quis dabit michi pennas ſicut co
lumbe: et volabo et requieſcam.
Ecce elōgaui fugiēs: ⁊ manſi in ſolitudie
Expectabam eum qui ſaluum me fecit: a
puſill animitate ſpiritus et tempeſtate.

f.ij.

Feria.iiij.

Precipita dñe et diuide linguas eorũ: qm̃ vidi iniqtatẽ ꝛ contradictionẽ in ciuitate.
Die ac nocte circundabit eam super muros eius iniquitas: et labor in medio eius et iniusticia.
Et nõ defecit de plateis ei⁹: vsura ꝛ dolus
Quoniam si inimicus meus maledixisset michi: sustinuissem vtiq3.
Et si is qui oderat me sup me magna locutus fuisset: abscõdissem me forsitã ab eo
Tu vero homo vnanimis: dux meus et notus meus.
Qui simul mecũ dulces capiebas cibos: in domo dei ambulauimus cum consensu.
Ueniat mors super illos: ꝛ descendant in infernum viuentes.
Quoniam nequicie in habitaculis eorũ: in medio eorum.
Ego autem ad dominum clamaui: et dominus saluauit me.
Uespere ꝛ mane ꝛ meridie narrabo ꝛ annunciabo: et exaudiet vocem meam.
Redimet in pace aĩam meam ab his qui appropinquãt michi: quoniam inter multos erant mecum.
Exaudiet deus: ꝛ humiliabit illos qui est

demones

ad matu. Fo.xliij.

ante secula.

Nō eni est illis cōmutatio et nō timuerūt deū: extendit manū suam in retribuendo.

Contaminauerūt testamentum eius: diuisi sunt ab ira vultus eius / et appropinquauit cor illius.

Molliti sunt sermones eius super oleum: et ipsi sunt iacula. adulator

Iacta sup dñm curam tuā / et ipse te enutriet: nō dabit ineternū fluctuationē iusto. in tribulatione

Tu vo deꝰ deduces eos: in puteū interitꝰ. demones

Viri sanguinū et dolosi non dimidiabūt dies suos: ego autem sperabo in te domine. Gloria patri. Añ. Auertet dominꝰ captiuitatem plebis sue.

Quoniam. Amen. Psalmus. lv.

Miserere mei deus quoniam cōculcauit me homo: tota die impugnans tribulauit me.

Conculcauerunt me inimici mei tota die: quoniā multi bellantes aduersum me.

Ab altitudine diei timebo: ego vero in te sperabo.

f.iij.

Feria.iiij.

In deo laudabo sermones meos: in deo speraui/nõ timebo quid faciat michi caro.

Tota die verba mea execrabãtur: aduersum me oẽs cogitationes eorũm in malũ.

Inhabitabunt et abscondent: ipsi calcaneum meum obseruabunt.

Sicut sustinuerũt aiam meã: p nihilo saluos facies illos/in ira populos cõfringes.

Deus vitam meam annunciaui tibi: posuisti lachrimas meas in conspectu tuo.

Sicut et in promissione tua: tunc conuertentur inimici mei retrorsum.

In quacũq; die inuocauero te: ecce cognoui quoniam deus meus es.

In deo laudabo verbum/in domino laudabo sermonem: in deo speraui/non timebo quid faciat michi homo.

In me sunt deus vota tua: que reddã laudationes tibi.

Quoniã eripuisti animã meã de morte: & pedes meos de lapsu: vt placeã coram deo in lumine viuentium. Psalmus.lvj.

Miserere mei deus miserere mei: qm in te confidit anima mea.

Et in vmbra alarũ tuarum sperabo: donec transeat iniquitas.

Clamabo ad deum altissimum: deū qui benefecit michi.
Misit de celo et liberauit me: dedit in opprobrium conculcantes me.
Misit deus misericordiā suā et veritatem suā: et eripuit aīam meā de medio catulorum leonum dormiui conturbatus.
Filij hominum dentes eorum arma ⁊ sagitte: ⁊ lingua eorum gladius acutus.
Exaltare super celos deus: et in omnem terram gloria tua.
Laqueum parauerunt pedibus meis: et incuruauerunt animam meam.
Foderunt ante faciem meam foueam: et inciderunt in eam.
Paratū cor meū deus paratū cor meum: cantabo et psalmum dicam.
Exurge gloria mea/ exurge psalteriū ⁊ cythara: exurgam diluculo.
Confitebor tibi in populis dñe: et psalmū dicam tibi in gentibus.
Quōm magnificata est vsq; ad celos misericordia tua: et vsq; ad nubes veritas tua.
Exaltare super celos deus: et super omnē terrā gloria tua. Gloria patri. Añ. Quoniam in te confidit anima mea.

f.iiij.

liberatus a temptatione

demones

exultatio

Feria.iiij.

Iuste iudicate. Si vere vtiqꝫ. ps.lvij.

Si vere vtiqꝫ iusticiam loq̄mini: recte iudicate filij hominum.

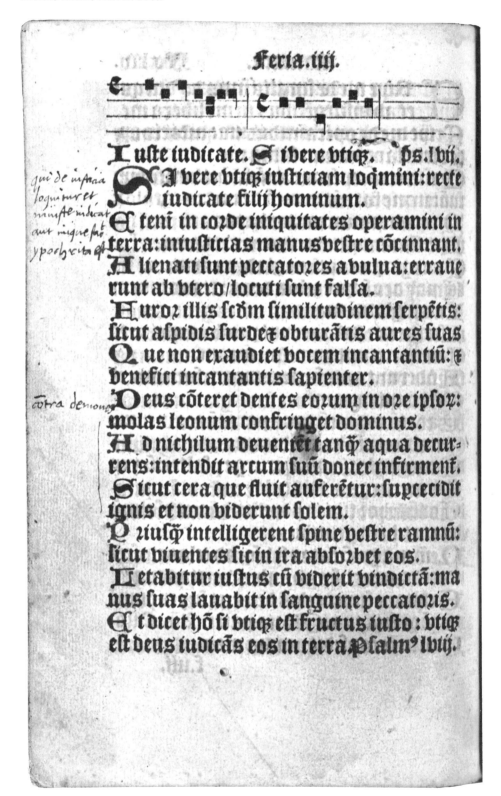

qui de iusticia loquuntur et iniuste iudicant aut inique faciunt ypochrita est

Etenī in corde iniquitates operamini in terra: iniusticias manus vestre cōcinnant.

Alienati sunt peccatores a vulua: errauerunt ab vtero/locuti sunt falsa.

Furor illis scd̄m similitudinem serpētis: sicut aspidis surde & obturātis aures suas

Que non exaudiet vocem incantantiū: & venefici incantantis sapienter.

cōtra demones

Deus cōteret dentes eorum in ore ipsorum: molas leonum confringet dominus.

Ad nichilum deuenient tanq̄ aqua decurrens: intendit arcum suū donec infirment.

Sicut cera que fluit auferētur: supcecidit ignis et non viderunt solem.

Priusq̄ intelligerent spine vestre ramnū: sicut viuentes sic in ira absorbet eos.

Letabitur iustus cū viderit vindictā: manus suas lauabit in sanguine peccatoris.

Et dicet hō si vtiqꝫ est fructus iusto: vtiqꝫ est deus iudicās eos in terra. Psalm⁹ lviij.

ad matu. Fo.xlv.

ERipe me de inimicis meis de⁹ meus: et ab insurgētibus in me libera me. | Imploracio auxilij contra vel demones vel malos hoies

Eripe me de operantibus iniquitatem: & de viris sanguinum salua me.

Quia ecce ceperunt animā meam: irruerunt in me fortes.

Neq₃ iniquitas mea neq₃ peccatū meū domine: sine iniquitate cucurri et direxi.

Exurge in occursum meum et vide: et tu domine deus virtutum deus israel.

Intende ad visitandas oīes gentes: non miserearis oib⁹ qui operantur iniquitatē.

Conuertentur ad vesperam et famem patientur vt canes: et circuibunt ciuitatem.

Ecce loquentur in ore suo & gladius in labijs eorum: quoniam quis audiuit.

Et tu domine deridebis eos: ad nichilum deduces omnes gentes.

Fortitudinem meā ad te custodiā: quia deus susceptor meus / de⁹ meus misericordia eius preueniet me. | spes in deo

Deus ostēdit mihi super inimicos meos: ne occidas eos / neqñ obliuiscant ppli mei.

Disperge illos in virtute tua: et depone eos protector meus domine.

Delictum oris eorum sermonem labiorū

Fo. lvij. Feria. iiij.

ipsorũ: ⁊ cõprehendantur in superbia sua.
Et de execratione ⁊ mendacio: annuncia-
buntur in consummatione.
In ira consummationis et non erunt: et
scient quia deus dominabitur iacob et finium terre.
Conuertentur ad vesperam ⁊ famem patientur vt canes: et circuibunt ciuitatem.
Ipsi dispergentur ad manducandum: si
vero non fuerint saturati ⁊ murmurabũt.
Ego autem cantabo fortitudinẽ tuam: ⁊
exaltabo mane misericordiam tuam.
Quia factus es susceptor meꝰ et refugiũ
meum: in die tribulationis mee.
Adiutor meus tibi psallã: qa deus susceptor meus es deus meꝰ misericordia mea.
Gloria. Añ. Iuste iudicate filij hominum.

Da nobis dñe. Deus repulisti. ps. lix.
Deus repulisti nos ⁊ destruxisti nos:
iratus es et misertus es nobis.
Commouisti terram et conturbasti eam:
sana contritiones eius quia commota est.
Ostendisti populo tuo dura: potasti nos

oratio pro populo in peste fame bello aut alia tribulatione

vino compunctionis.

Dedisti metuētibus te significationē: vt fugiant a facie arcus.

Ut liberentur dilecti tui: saluū fac dextera tua et exaudi me.

Deus locutus est in sancto suo: letabor ꝛ partibor siccimam et cōuallem tabernaculorum metibor.

Meus est galaad ꝛ meus est manasses: et effraim fortitudo capitis mei.

Iuda rex meus: moab olla spei mee.

In idumeam extendā calciamentū meū: michi alienigene subditi sunt.

Quis deducet me in ciuitatem munitā: quis deducet me vsqꝫ in idumeam?

Nonne tu deus qui repulisti nos: et non egredieris deus in virtutibus nostris.

Da nobis auxiliū de tribulatiōe: et vana salus hominis.

In deo faciemus virtutem: et ipse ad nichilū deducet tribulātes nos. Psalmꝰ.lx.

Exaudi deus deprecationem meā: intende orationi mee.

A finibꝰ terre ad te clamaui dum anxiaretur cor meum: in petra exaltasti me.

Deduxisti me q̄a factꝰ es spes mea: turris

Feria.iiij.

diaboli fortitudinis a facie inimici.

Inhabitabo in tabernaculo tuo i secula: protegar in velamento alarum tuarum.

Q m tu de⁹ me⁹ exaudisti oratione meā: dedisti hereditatem timentibus nomē tuū.

pro rege Dies sup dies regis adijcies: annos eius vsqz in diem generationis ⁊ generationis.

Permanet ineternū in cōspectu dei: misericordiam et veritatem eius quis requiret

Sic psalmū dicā nomini tuo i sclm sclī: vt reddā vota mea de die in diem. Gloria. Añ.

Da nobis dñe auxilium de tribulatione.

A timore. Nonne deo. Psalmus.lxi.

pacientia in tribulacione vel vio comitta tale patit amplius

Nonne deo subiecta erit anima mea: ab ipso enim salutare meum.

Nam et ipse deus meus ⁊ salutaris me⁹: susceptor meus non mouebor amplius.

Quousqz irruitis in hominē: interficitis vniuersi vos tanq̄ parieti inclinato et macerie depulse.

Uerumtamen preciū meū cogitauerunt repellere: cucurri in siti ore suo bñdicebāt/ et corde suo maledicebant.

Ueruntamen deo subiecta esto aīa mea: quoniam ab ipso patientia mea.

Quia ipse deus meus et saluator meus: adiutor meus non emigrabo.

In deo salutare meū et gloria mea: deus auxilij mei et spes mea in deo est.

Sperate in eo omnis cōgregatio populi: effundite coram illo corda vestra/deus adiutor noster ineternum.

Uerūtamen vani filij hominū mendaces filij hominum in stateris: vt decipiant ipsi de vanitate in idipsum.

Nolite sperare in iniq̄tate/et rapinas nolite concupiscere: diuitie si affluant nolite cor apponere.

Semel locutus est deus duo hec audiui: q̄a potestas dei est et tibi dñe misericordia/ quia tu reddes vnicuiqꝫ iuxta opera sua.

¶Non dicitur ad noctur. Psalmus.lxij.

Deus deus me⁹: ad te de luce vigilo. Sitiuit in te anima mea: q̄ multipliciter tibi caro mea.

In terra deserta inuia et inaquosa: sic in sancto apparui tibi/ vt viderem virtutem tuam et gloriam tuam.

Quoniam melior est misericordia tua su

patientia

desiderium in deum

in tribulatione et timore mortis

Feria.iiij.

per vitas:labia mea laudabunt te.
Sic benedicam te in vita mea: & in nomi=
ne tuo leuabo manus meas.
Sicut adipe et pinguedie repleat aia mea:
et labijs exultationis laudabit os meum.
Si memor fui tui sup stratū meū: i matu
tinis meditabor i te/ qa fuisti adiutor me⁹.
Et invelamēto alar tuar exultabo: adhe
sit aia mea post te/ me suscepit dextera tua
Ipsi vero in vanū quesierunt aiam meā:
introibunt in inferiora terre/ tradentur in
manus gladij partes vulpium erunt.
Rex vero letabitur/in deo laudabunt oēs
qui iurant in eo: quia obstructum est os lo
quentium iniqua. Psalmus.lxiij.
Exaudi de⁹ orationē meā cū deprecor:
a timore inimici eripe animā meā.
Protexisti me a cōuentu malignantium:
a multitudine operantium iniquitatem.
Quia exacuerūt vt gladiū linguas suas:
intenderunt arcum rem amaram vt sagittent in occultis immaculatum.
Subito sagittabunt eum & non timebūt:
firmauerunt sibi sermonem nequam.
Narrauerunt vt absconderent laqueos:
dixerunt quis videbit eos.

precatio
contra insidias
demonis

Scrutati sunt iniquitates: defecerũt scru tantes scrutinio.
Accedet hõ ad coꝛ altũ: et exaltabit deus.
Sagitte paruuloꝝ facte sunt plage eoꝝ: ⁊ infirmate sunt contra eos lingue eoꝛum.
Conturbati sunt om̃es qui videbant eos: et timuit omnis homo.
Et annunciauerũt opera dei: ⁊ facta eius intellexerunt.
Letabitur iustus in dño et sperabit in eo: et laudabuntur omnes recti coꝛde.
Gloꝛia patri. Añ. A timoꝛe inimici eripe domine animam meam.
¶ Non dicitur ad noctur. Psalmus.lxiiij.
Te decet hymnus deus in syon: et tibi reddetur votum in hierusalem.
Exaudi oꝛationẽ meam: ad te om̃is caro veniet.
Verba iniquoꝛum pꝛeualuerũt sup nos: et impietatibus nostris tu pꝛopiciaberis.
Beatus quem elegisti ⁊ assumpsisti: inhabitabit in atrijs tuis.
Replebimur in bonis domus tue: sanctũ est templum tuum mirabile in equitate.
Exaudi nos deus salutaris noster: spes omnium finium terre et in mari longe.

Feria.iiii.

Preparans montes in virtute tua accinctus potentia: qui conturbas profundum maris sonum fluctuum eius.
Turbabuntur gentes & timebunt qui habitant terminos a signis tuis: exitus matutini et vespere delectabis.
Visitasti terram & inebriasti eam: multiplicasti locupletare eam.
Flumen dei repletũ est aquis: parasti cibum illorum qm̃ ita est preparatio eius.
Rivos eius inebriãs multiplica genimina ei⁹: in stillicidijs eius letabit germinãs
Benedices corone anni benignitatis tue: et campi tui replebuntur ubertate.
Pinguescent speciosa deserti: & exultatione colles accingentur.
Induti sunt arietes oviũ/& valles abundabunt frumento: clamabũt etenim hymnum dicent.

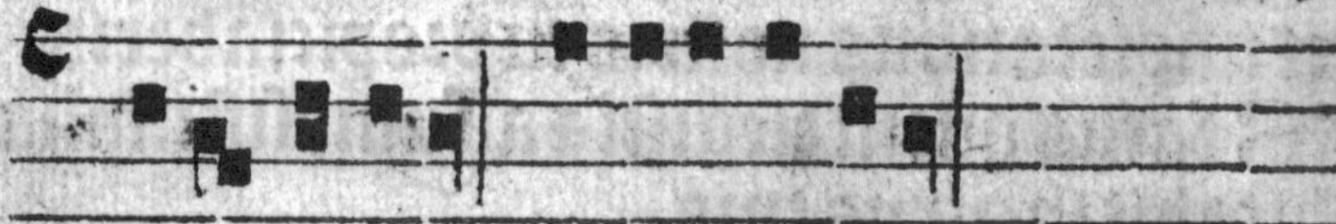

In ecclesijs. Iubilate deo. Psalm⁹.lxv.
Iubilate deo oĩs terra psalmũ dicite nomini eius: date gloriã laudi eius.
Dicite deo q̃ terribilia sunt opera tua do

mine: in multitudine virtutis tue mentien
tur tibi inimici tui.

Omnis terra adoret te ⁊ psallat tibi: psal
mum dicat nomini tuo.

Uenite ⁊ videte opera dei: terribilis in cō
silijs super filios hominum.

Qui conuertit mare in aridam in flumīe
pertransibunt pede: ibi letabimur in ipso.

Qui dominatur in virtute sua ineternū
oculi eius super gentes respiciūt: qui exa=
sperant non exaltentur in semetipsis.

Benedicite gentes deum nostrum: et au=
ditam facite vocem laudis eius.

Qui posuit animā meā ad vitam: et non
dedit in commotionem pedes meos.

Qm̄ probasti nos deus: igne nos exami=
nasti sicut examinatur argentum.

Induxisti nos in laqueum/posuisti tribu
lationes in dorso nostro: imposuisti homi=
nes super capita nostra.

Transiuimus per ignem ⁊ aquam: ⁊ edu
xisti nos in refrigerium.

Introibo in domū tuā ī holocaustis: red=
dā tibi vota mea q̄ distinxerūt labia mea.

Et locutū est os meū: in tribulatiōe mea.

Holocausta medullata offeram tibi cum

g.j.

exultat q[uia] deus eu[m] no[n] permisit cedere temptationi demonis

Feria.iiij.

incensu arietũ:offerã tibi boues cũ hyrcis.
Venite audite & narrabo oĩes qui timetis deum:quanta fecit anime mee.
Ad ipsũ ore meo clamaui:et exultaui sub lingua mea.
Iniquitatem si aspexi in corde meo : non exaudiet dominus.
Propterea exaudiuit deus:& attendit voci deprecationis mee.
Benedictus deus:qui nõ amouit orationem meam et misericordiam suam a me.
Non dicitur ad noctur. Psalmus.lxvj.
Deus misereat nostri et bñdicat nobis : illuminet vultum suum super nos et misereatur nostri.
Ut cognoscamus in terra viam tuam:in omnibus gentibus salutare tuum.
Confiteantur tibi populi deus : cõfiteantur tibi populi omnes.
Letent & exultent gentes:qm iudicas populos in eqtate et gentes in terra dirigis.
Confiteant tibi populi deus/cõfiteantur tibi populi omnes:terra dedit fructũ suũ.
Benedicat nos deus deus noster benedicat nos deus : et metuant eum oĩes fines terre. Psalmus.lxvij.

Exurgat deus & dissipent inimici ei⁹: & fugiãt qui oderunt eũ a facie eius. Sicut deficit fum⁹ deficiãt: sicut fluit cera a facie ignis / sic pereãt pctõres a facie dei. Et iusti epulentur & exultent in conspectu dei: et delectentur in leticia. Cantate deo psalmũ dicite nomini eius: iter facite ei qui ascendit super occasum dominus nomen illi. Exultate in conspectu eius: turbabuntur a facie eius patris orphanorum et iudicis viduarum. Deus in loco sctõ suo: deus qui inhabitare facit vnius moris in domo. Qui educit vinctos in fortitudine: siliter eos q̃ exasperat qui habitãt in sepulchris. Deus cum egredereris in cõspectu populi tui: cum pertransires in deserto. Terra mota est: etenim celi distillauerũt a facie dei synai a facie dei israel. Pluuiam voluntariam segregabis deus hereditati tue / & infirmata est: tu vero perfecisti eam. Animalia tua habitabunt in ea: parasti in dulcedine tua pauperi deus. Dominus dabit verbum euangelizanti-

contra demonum insidias et insultus

de predicatoribus

uertam in profundum maris.
Ut intinguatur pes tuus in sanguine: lingua canum tuorum ex inimicis ab ipso.
Viderũt ingressus tuos deus: ingressus dei mei regis mei qui est in sancto.
Preuenerunt principes coniuncti psallentib⁹: in medio iuuenculaꝝ tympanistriaꝝ.
In eccl'ijs bñdicite deo dño: de fõtib⁹ isrl'.
Ibi beniamin adolescentulus: in mentis excessu.
Principes iuda duces eorũ: principes zabulon et principes neptalim.
Manda deus virtutem tuam: confirma deus hoc quod operatus es in nobis.
A templo tuo in hierusalem: tibi offerent reges munera.
Increpa feras arũdinis: cõgregatio taurorum in vaccis populorum/ vt excludant eos qui probati sunt argento.
Dissipa gẽtes q̃ bella volũt: veniẽt legati ex egypto ethiopia ꝑueniet man⁹ eius deo.
Regna terre cantate deo: psallite dño.
Psallite deo: qui ascendit super celum celi ad orientem.
Ecce dabit voci sue vocem virtutis: date gloriã deo super israel/ magnificẽtia eius

g.iij.

Feria.v.

et virtus eius in nubibus.

Mirabilis de⁹ in sanctis suis: deus israel ipse dabit virtutem et fortitudinē plebi sue būdictus deus. Gloria patri. Sicut. Añ. In ecclesijs benedicite domino. v. De⁹ vitā meam: annunciaui tibi. R. Posuisti lacrimas meas in conspectu tuo.

¶ Feria quinta. Añ.

Domine deus. Saluū me fac. ps. lxviij.

Saluum me fac deus: qm̄ intrauerunt aque vsq₃ ad animam meā.

Infixus sum in limo profundi: et non est substantia.

Ueni in altitudinem maris: ⁊ tempestas demersit me.

Laboraui clamans rauce facte sunt fauces mee: defecerunt oculi mei dum spero in deum meum.

Multiplicati sūt sup capillos capitis mei: qui oderunt me gratis.

Confortati sunt qui persecuti sunt me inimici mei iniuste: q̄ nō rapui tūc exsoluebā.

Deus tu scis insipientiam meā: ⁊ delicta

In tribulatione magna

ad matu. Fo.lij.

mea a te non sunt abscondita.
Nō erubescant in me qui expectant te do=
mine: domine virtutum.
Non cōfundantur super me: qui querunt
te deus israel.
Quoniam propter te sustinui obprobriū:
operuit confusio faciem meam.
Extraneus factus sum fratrib⁹ meis: et
peregrinus filijs matris mee.
Qm̄ zelus dom⁹ tue comedit me: ꝛ obpro=
bria exprobrantiū tibi ceciderūt super me.
Et operui in ieiunio animā meā: et factū
est in obprobrium michi.
Et posui vestimentum meum cilicium: et
factus sum illis in parabolam.
Aduersum me loquebantur qui sedebant
in porta: ꝛ in me psallebāt q̇ bibebāt vinū.
Ego vero orationem meam ad te domīe:
tempus beneplaciti deus.
In multitudine misericordie tue: exaudi
me in veritate salutis tue.
Eripe me de luto vt nō infigar: libera me
ab his q̇ oderunt me/ ꝛ de ꝓfundis aquaꝝ.
Non me demergat tempestas aque: neqꝫ
absorbeat me profundum / neqꝫ vrgeat su=
per me puteus os suum.

g.iiij.

Feria.v.

Exaudi me dñe qm̄ benigna est misericor dia tua: scd̄m multitudinē miserationum tuarum respice in me.

Et ne auertas faciem tuam a puero tuo: quoniam tribulor velociter exaudi me.

Intende anime mee et libera eam: ꝑpter inimicos meos eripe me.

Tu scis improperium meum ⁊ cōfusionē meam: et reuerentiam meam.

In cōspectu tuo sunt oēs q̄ tribulant me: improperiū expectauit cor meū et miseriā.

Et sustinui qui simul cōtristaretur ⁊ non fuit: et qui consolaretur et non inueni.

Et dederunt in escam meam fel: et in siti mea potauerunt me aceto.

Fiat mēsa eorū corā ipsis in laqueum: et in retributiones et in scandalum.

Obscurentur oculi eorū ne videant: ⁊ dorsum eorum semper incurua.

Effunde sup eos irā tuam: et furor ire tue comprehendat eos.

Fiat habitatio eorum deserta: ⁊ in tabernaculis eorum non sit qui inhabitet.

Qm̄ quem tu percussisti persecuti sunt: et super dolorem vulnerū meorū addiderūt.

Appone iniquitatē super iniquitatē eor:

et non intrent in iusticiam tuam.
Deleantur de libro viuentiũ ⁊ cum iustis non scribantur.
Ego sum pauper ⁊ dolẽs: salus tua deus suscepit me.
Laudabo nomen dei cum cantico: et magnificabo eum in laude.
Et placebit deo: super vitulum nouellum cornua producentem et vngulas.
Videant pauperes ⁊ letentur: querite deũ et viuet anima vestra. pro paupibz
Quoniã exaudiuit pauperes dominus: ⁊ vinctos suos non despexit. & incarceratis
Laudent illum celi ⁊ terra: mare et oĩa reptilia in eis.
Quoniam deus saluam faciet syon: ⁊ edificabuntur ciuitates iude.
Et inhabitabunt ibi: ⁊ hereditate adquirent eam.
Et semen seruoꝝ eius possidebit eã: ⁊ qui diligũt nomẽ eius habitabũt in ea. ps. lxix.
Deus in adiutoriũ meũ intende: dñe ad adiuuandum me festina. petit a deo defendi
Confundantur et reuereantur: qui querunt animam meam.
Auertantur retrorsum ⁊ erubescant: qui

Feria.v.

volunt michi mala.

Auertantur statim erubescētes : q̄ dicunt michi euge euge.

Exultent et letentur in te omnes qui querunt te : et dicant semper magnificetur dominus qui diligunt salutare tuum.

Ego vero egen⁹ ꝛ paup̄ sū: de⁹ adiuua me.

Adiutoꝛ meus ꝛ liberatoꝛ me⁹ es tu: dn̄e ne moꝛeris. Gloꝛia patri. An̄. Domie de⁹ in adiutoꝛium meum intende.

Esto michi. In te dn̄e spera. Psalm⁹ lxx.

In te domine speraui non confundar ineternum: in iusticia tua libera me et eripe me.

Inclina ad me aurem tuam: et salua me.

Esto michi in deum pꝛotectoꝛem : et in locum munitum vt saluum me facias.

Q̄m̄ firmamētū meū: ꝛ refugiū meū es tu

Deus me⁹ eripe me de manu peccatoꝛis: et de manu contra legem agētis et iniqui.

Quoniam tu es patientia mea domine: domine spes mea a iuuentute mea.

In te cōfirmatus sum ex vtero: de ventre

matris mee tu es protector meus.
In te cantatio mea semper: tanq̄ pdigiū factus sum multis/et tu adiutor fortis.
Repleatur os meū laude: ut cantem gloriam tuā tota die magnitudinem tuam.
Ne proiicias me in tempore senectutis: cū defecerit virtus mea ne derelinquas me.
Quia dixerūt inimici mei michi: et q̄ custodiebāt aīam meam cōsiliū fecerunt in unū.
Dicentes deus dereliquit eū: psequimini et cōprehendite eum/q̄a non est qui eripiat.
Deus ne elongeris a me: de9 meus in auxilium meum respice.
Confundantur et deficiant detrahentes anime mee: operiantur cōfusione et pudore qui querunt mala michi.
Ego autem semper sperabo: et adiiciam super omnem laudem tuam.
Os meum annunciabit iusticiam tuam: tota die salutare tuum.
Quoniam non cognovi litteraturam introibo in potentias domini: domīe memorabor iusticie tue solius.
Deus docuisti me ex iuuētute mea: et usq̄ nunc pronunciabo mirabilia tua.
Et usq̄ in senectam et senium: deus ne de-

Feria.v.

relinquas me.

Donec annunciem brachiū tuū: generationi omni que ventura est.

Potētiā tuā ⁊ iusticiā tuā deus vsqꝫ in altissima q̄ fecisti magnalia: deus q̄s similis tibi.

> gr̄as agit de liberatione de tribulatione uel temptatione

Quantas ostendisti michi tribulationes multas ⁊ malas: ⁊ cōuersus viuificasti me/ et de abyssis terre iterum reduxisti me.

Multiplicasti magnificentiā tuā: ⁊ cōuersus consolatus es me.

Nam ⁊ ego cōfitebor tibi in vasis psalmi veritatē tuam deus: psallam tibi in cythara sanctus israel.

Exultabūt labia mea cum cantauero tibi: et anima mea quam redemisti.

Sed et lingua mea tota die meditabit iusticiam tuā: cum confusi et reueriti fuerint qui querunt mala michi. Psalmus.lxxi.

> pro rege

Deus iudicium tuum regi da: ⁊ iusticiam tuam filio regis.

Iudicare populum tuū in iusticia: ⁊ pauperes tuos in iudicio.

Suscipiant montes pacem populo: ⁊ colles iusticiam.

Iudicabit pauperes pplī/ ⁊ saluos faciet filios pauperū: et humiliabit calūniatorē.

Et permanebit cũ sole: et ante lunã in generationes generationum.
Descendet sicut pluuia in vellus: et sicut stillicidia stillantia super terram.
Orietur in dieb⁹ eius iusticia ꝛ abundantia pacis: donec auferatur luna.
Et dominabitur a mari vsqꝫ ad mare: ꝛ a flumine vsqꝫ ad terminos orbis terrarũ.
Coram illo procident ethiopes: et inimici eius terram lingent.
Reges tharsis ꝛ insule munera offerent: reges arabum et saba dona adducent.
Et adorabunt eum omnes reges: omnes gentes seruient ei.
Quia liberabit pauperẽ a potente: ꝛ pauperem cui non erat adiutor.
Parcet pauperi et inopi: et animas pauperum saluas faciet.
Ex vsuris ꝛ iniquitate redimet aias eoꝝ: et honorabile nomen eorum coram illo.
Et viuet ꝛ dabit ei de auro arabie: et adorabunt de ipso semper tota die bñdicẽt ei.
Erit firmamẽtũ in terra in summis montium/ superextollet sup libanũ fructus eius: et florebunt de ciuitate sicut fenum terre.
Sit nomẽ eius benedictum in secula: an-

Feria.v.

te ſolem permanet nomen eius.
E t bñdicentur in ipſo oĩes tribus terre: omnes gentes magnificabunt eum.
B enedictus dominus deus iſrael: qui facit mirabilia ſolus.
E t benedictum nomē maieſtatis eius in eternum: et replebitur maieſtate eius oīs terra fiat fiat. G loꝛia. Añ. Eſto michi domine in deum pꝛotectoꝛem.

L iberaſti virgā. Q m̄ bonus. ps. lxxij.
Q Uam bonus iſrael deus: his q̄ recto ſunt coꝛde.
M ei autem pene moti ſunt pedes: pene effuſi ſunt greſſus mei.
Q uia zelaui ſuper iniquos: pacem peccatoꝛum videns.
Q uia non eſt reſpectus moꝛti eoꝛum: et firmamentum in plaga eoꝛum.
I n laboꝛe hominum nōn ſunt: ⁊ cum hominibus non flagellabuntur.
I deo tenuit eos ſuperbia: operti ſunt iniquitate et impietate ſua.
P ꝛodijt quaſi ex adipe iniquitas eoꝛum:

ad matu. Fo.lvj.

transierunt in affectum cordis.
Cogitauerunt & locuti sunt nequitiã: iniquitatem in excelso locuti sunt.
Posuerunt in celum os suũ: & lingua eoꝝ
transiuit in terra.
Ideo cõuertet populus meus hic: et dies
pleni inuenientur in eis.
Et dixerunt / quomodo scit deus: et si est
scientia in excelso.
Ecce ipsi peccatores et abundantes in seculo: obtinuerunt diuitias.
Et dixi / ergo sine causa iustificaui cor meum: & laui inter innocentes manus meas.
Et fui flagellatus tota die: et castigatio
mea in matutinis.
Si dicebã narrabo sic: ecce nationẽ filioꝝ
tuorum reprobaui.
Existimabam vt cognoscerem: hoc laboꝝ
est ante me.
Donec intrem in sanctuariũ dei: et intelligam in nouissimis eorum.
Uerumtamẽ propter dolos posuisti eis:
deiecisti eos dum alleuarentur.
Quõ facti sunt in desolationẽ: subito defecerunt / perierunt propter iniquitatẽ suã.
Uelut somniũ surgentium: dñe in ciuita-

Feria.v.

te tua imaginē ipsoꝝ ad nichilū rediges.
Quia inflammatum est coꝛ meum/et renes mei commutati sunt:et ego ad nichilū redactus sum et nesciui.
Ut iumentum factus sum apud te:et ego semper tecum.
Tenuisti manū dexterā meā:⁊ in volūtate tua deduxisti me/⁊ cū glīa suscepisti me.
Quid enim michi est in celo: et a te qd volui super terram.
Defecit caro mea et coꝛ meū:deus coꝛdis mei/et pars mea deus ineternum.
Quia ecce qui elongant se a te peribunt: perdidisti omnes qui foꝛnicantur abs te.
Michi autem adherere deo bonum est:ponere in domino deo spem meam.
Ut annunciē omnes pꝛedicationes tuas: in poꝛtis filie syon. Psalmus.lxxiij.

Ut qd deus repulisti in finē: iratus est furoꝛ tuus sup oues pascue tue.
Memoꝛ esto cōgregatiōis tue: quā possedisti ab initio.
Redemisti virgam hereditatis tue: mōs syon in quo habitasti in eo.
Leua manꝰ tuas in supbias eoꝝ in finē: quāta malignatus est inimicus in sancto.

Et gloriati sunt qui oderunt te: in medio solennitatis tue.
Posuerunt signa sua signa et non cognouerunt: sicut in exitu super summum.
Quasi in silua lignorum securibus exciderunt ianuas eius in idipsum: in securi et ascia deiecerunt eam.
Incenderunt igni sanctuarium tuum: in terra polluerũt tabernaculũ nominis tui.
Dixerũt in corde suo cognatio eorum simul: quiescere faciam⁹ oẽs dies festos dei a terra.
Signa nostra nõ vidimus/iam nõ est propheta: et nos non cognoscet amplius.
Usquequo de⁹ improperabit inimicus: irritat aduersarius nomen tuum in finem.
Ut quid auertis manũ tuam et dexteram tuam: de medio sinu tuo in finem.
Deus autẽ rex noster ante secula: operatus est salutem in medio terre.
Tu confirmasti in virtute tua mare: contribulasti capita drachonum in aquis.
Tu confregisti capita drachonis: dedisti eum escam populis ethyopum.
Tu dirupisti fontes et torrẽtes: tu siccasti fluuios ethan.
Tu⁹ est dies et tua est nox: tu fabricatus

h.i.

Feria.v.

es auroram et solem.
Tu fecisti omnes terminos terre: estatem et ver tu plasmasti ea.
Memor esto huius: inimicus improperauit dño/ et populus insipiẽs icitauit nomẽ tuũ
Ne tradas bestijs animas cõfitẽtes tibi: et animas pauperum tuorũ ne obliuiscaris in finem.
Respice in testamẽtũ tuũ: q̇a repleti sunt q̇ obscurati sunt terre domibus iniq̇tatũ.
Ne auertatur humilis factus confusus: pauper ⁊ inops laudabunt nomen tuum.
Exurge deus iudica causam tuã: memor esto improperiorum tuorũ eorum que ab insipiente sunt tota die.
Ne obliuiscaris voces inimicoꝝ tuorum: supbia eorũ q̇ te oderunt ascendit semper.
Gloria. Añ. Liberasti virgã hereditatis tue

In israel Confitebimur. Psalmus lxxiiij.
Confitebimur tibi deus cõfitebimur: et inuocabimus nomen tuum.
Narrabimus mirabilia tua: cum accepero tempus ego iusticias iudicabo.

Rex & pius et simplex

ad matu. Fo.lviij.

Liquefacta est terra & omnes q̄ habitant in ea: ego confirmaui columnas eius.
Dixi iniquis nolite inique agere: & delinquentibus nolite exaltare cornu.
Nolite extollere in altum cornu vestrum: nolite loqui aduersus deum iniquitatem.
Quia neq; ab oriēte neq; ab occidēte neq; a desertis montibus: qm̄ deus iudex est.
Hunc humiliat & hunc exaltat: quia calix in manu domini vini meri plenus mixto.
Et iclinauit ex hoc in hoc: veruntamē fex ei⁹ nō est exinanita bibēt oēs pctōres terre.
Ego autem annunciabo in seculum: cantabo deo iacob.
Et omnia cornua peccatorꝝ confringam: et exaltabuntur cornua iusti. Psalm⁹ lxxv.
Notus in iudea de⁹: in israel magnū nomen eius.
Et factus est in pace locus eius: & habitatio eius in syon.
Ibi confregit potentias: arcum/scutum/gladium/et bellum.
Illuminās tu mirabiliter a mōtib⁹ eternis: turbati sunt omnes insipientes corde.
Dormierunt somnū suum: & nichil inuenerunt oēs viri diuitiaꝝ in manibus suis.

h.ij.

Feria.v.

Ab increpatiõe tua deus iacob: dormitauerunt qui ascenderunt equos.
Tu terribilis es & quis resistet tibi: ex tũc ira tua.
De celo auditũ fecisti iudicium: terra tremuit et quieuit.
Cum exurgeret in iudicio deus: vt saluos faceret omnes mansuetos terre.
Qm̃ cogitatio hominis confitebitur tibi: et reliq̃e cogitatiõis diem festũ agent tibi.
Vouete et reddite dño deo vestro: omnes qui in circuitu eius affertis munera.
Terribili & ei qui aufert spiritũ principũ: terribili apud reges terre. Gloria pa. Añ. In israel magnum nomen eius.

Tu es deus. Voce mea. ps.lxxvi.
Voce mea ad dominũ clamaui: voce mea ad deum et intendit michi.
In die tribulationis mee deũ exq̃siui manib⁹ meis nocte cõtra eũ: & nõ sum decept⁹.
Renuit consolari anima mea: memor fui dei et delectatus sum/ & exercitatus sum/ et defecit spiritus meus.

Anticipauerūt vigilias oculi mei: turbatus sum et non sum locutus.
Cogitaui dies antiquos: et annos eternos in mente habui.
Et meditatus sum nocte cum corde meo: et exercitabar et scopebam spiritū meum.
Nunquid in eternum proijciet deus: et nō apponet vt complacitior sit adhuc.
Aut in finem misericordiā suā abscidet: a generatione in generationem.
Aut obliuiscetur misereri deus: aut continebit in ira sua misericordias suas.
Et dixi / nunc cepi: hec mutatio dextere excelsi.
Memor fui operum domini: quia memor ero ab initio mirabilium tuorum.
Et meditabor in oīnibus operibus tuis: et in adinuentionibus tuis exercebor.
Deus in sctō via tua / q̄s de⁹ magn⁹ sicut deus noster: tu es deus q̄ facis mirabilia.
Notam fecisti in populis virtutem tuam: redemisti in brachio tuo populū tuū filios iacob et ioseph.
Viderunt te aque deus / viderunt te aque et timuerunt: et turbate sunt abyssi.
Multitudo sonitus aquarum: vocem de-

h.iij.

derunt nubes.
Etenim sagitte tue transeūt: vox tonitrui tui in rota.
Illuxerunt chorusctiões tue orbi terre: commota est et contremuit terra.
In mari via tua/ꝛ semite tue in aq̄s multis: et vestigia tua non cognoscentur.
Deduxisti sicut oues populū tuū: in manu moysi et aaron. Psalmus.lxxvij.

Attendite popule meus legem meā: inclinate aurem vestram in verba oris mei.
Aperiam in parabolis os meum: loquar propositiones ab initio.
Quanta audiuimus et cognouimus ea: et patres nostri narrauerunt nobis.
Non sunt occultata a filijs eorū: in generatione altera.
Narrantes laudes dn̄i ꝛ virtutes eius: et mirabilia eius que fecit.
Et suscitauit testimonium in iacob: et legem posuit in israel.
Quāta mādauit patribꝰ nr̄is nota facere ea filijs suis: vt cognoscat generatio altera.
Filij qui nascentur et exurgent: enarrabunt filijs suis.

Feria.v.

Et male locuti sunt de deo: dixerũt / nũqd poterit deus parare mensam in deserto.
Quoniam percussit petram et fluxerunt aque: et torrentes inundauerunt.
Nunquid et panẽ poterit dare: aut parare mensam populo suo.
Ideo audiuit dominus et distulit: et ignis accensus est in iacob / et ira ascẽdit in israel.
Quia non crediderũt in deo: nec sperauerunt in salutari eius.
Et mandauit nubib9 desuper: et ianuas celi aperuit.
Et pluit illis manna ad manducandũ: et panem celi dedit eis.
Panem angelorum manducauit homo: cibaria misit eis in abundantiam.
Transtulit austrum de celo: et induxit in virtute sua affricum.
Et pluit sup eos sicut puluerem carnes: et sicut arenam maris volatilia pennata.
Et ceciderũt in medio castrorum eorum: circa tabernacula eorum.
Et manducauerũt et saturati sunt nimis: et desiderium eorum attulit eis / non sunt fraudati a desiderio suo.
Adhuc esce eorum erãt in ore ipsorum: et

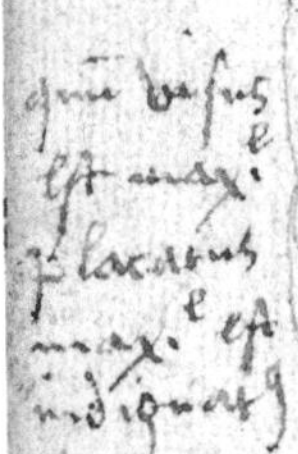

ira dei aſcendit ſuper eos.

Et occidit pīgues eoꝛum: et electos iſrael impediuit.

In omnib⁹ his peccauerunt adhuc: et nõ crediderunt in mirabilibus eius.

Et defecerunt in vanitate dies eoꝛum: et anni eoꝛum cum feſtinatione.

Cum occideret eos querebant eũ ⁊ reuertebantur: ⁊ diluculo veniebant ad eum.

Et rememoꝛati ſunt q̃a deus adiutoꝛ eſt eoꝛum: et deus excelſus redemptoꝛ eoꝝ eſt.

Et dilexerũt eum in oꝛe ſuo: ⁊ lingua ſua mentiti ſunt ei.

Coꝛ autem eoꝝ non erat rectum cum eo: nec fideles habiti ſunt in teſtamento eius.

Ipſe autẽ eſt miſericoꝛs et pꝛopicius fiet peccatis eoꝛum: et non diſperdet eos.

Et abundauit vt auerteret iram ſuam: ⁊ non accendit omnem iram ſuam.

Et recoꝛdat⁹ eſt quia caro ſunt: ſpiritus vadens et non rediens.

Quotiens exacerbauerunt eũ in deſerto: in iram concitauerunt eum in inaquoſo.

Et cõuerſi ſunt ⁊ temptauerunt deum: et ſanctum iſrael exacerbauerunt.

Non ſunt recoꝛdati manus eius: die qua

Feria.v.

Et pcussit inimicos suos in posteriora: obprobrium sempiternum dedit illis.
Et repulit tabernaculũ ioseph: et tribum
effraim non elegit.
Sed elegit tribũ iuda: mõtẽ syõ quẽ dilexit
Et edificauit sicut vnicornis sanctificiũ
suum: in terra quam fundauit in secula.
Et elegit dauid seruũ suũ: et sustulit eum
de gregibꝰ ouiũ / depost fetãtes accepit eũ.
Pascere iacob seruũ suum: et israel hereditatem suam.
Et pauit eos in innocẽtia cordis sui: et in
intellectibꝰ manuũ suarum deduxit eos. Gloria

An. Tu es deꝰ q̃ facis mirabilia.

Propicius. Deus venerunt. ps. lxxviij.

Deus venerunt gentes in hereditatẽ
tuã: polluerunt templũ sanctũ tuũ /
posuerũt hierusalem in pomorum custodiam
Posuerũt morticina seruorum tuorum escas vo
latilibꝰ celi: carnes sctõrum tuorum bestijs terre.
Effuderunt sanguinẽ eorũ / tanq̃ aquam
in circuitu hierusalẽ: et non erat q̃ sepeliret
Facti sumus obprobriũ vicinis nostris:
subsannatio et illusio his q̃ in circuitu no-

stro sunt.
Usq3quo domie irasceris in finem: accen=
detur velut ignis zelus tuus.
Effunde irã tuã in gẽtes q̃ te nõ nouerũt:
et in regna que nomẽ tuũ nõ inuocauerũt.
Quia comederũt iacob: et locum eius de=
solauerunt.
Ne memineris iniquitatũ nostrarũ anti=
quarum: cito anticipent nos misericordie tue
quia pauperes facti sumus nimis.
Adiuua nos deus salutaris noster: et pro
pter gloriã nõis tui dñe libera nos / et ppi=
cius esto pctis nostris propter nomẽ tuum.
Ne forte dicãt in gentib9 vbi est de9 eorum: et
innotescat in nationib9 corã oculis nr̃is.
Ultio sanguinis seruorum tuorum qui effu
sus est: introeat in conspectu tuo gemitus
compeditorum.
Secundũ magnitudinẽ brachij tui: possi=
de filios mortificatorum.
Et redde vicinis nostris septuplũ in sinu
eorum: improperium ipsorum quod expro
brauerunt tibi domine.
Nos autem populus tuus et oues pascue
tue: confitebimur tibi in seculum.
In generatione et generationem: annun=

pro christiano populo

Feria.v.

ciabimus laudem tuam. Psalmus.lxxix.

Qui regis israel intende: qui deducis velut ouem ioseph.

Qui sedes sup cherubin: manifestare coram effraim beniamin ꝛ manasse.

Excita potentiam tuam ꝛ veni: vt saluos facias nos.

Deus cõuerte nos: et ostende faciem tuã et salui erimus.

Domine deus virtutum: quousq̧ irasceris super orationem serui tui.

Cibabis nos pane lachrimarũ: et potum dabis nobis in lachrymis in mensura.

Posuisti nos in ꝯtradictionẽ vicinis nr̃is: et inimici nostri subsannauerunt nos.

Deus virtutum conuerte nos: et ostende faciem tuam et salui erimus.

Uineam de egypto trãstulisti: eiecisti gentes et plantasti eam.

Dux itineris fuisti in conspectu eius: et plantasti radices eius et impleuit terram.

Operuit montes vmbra eius: et arbusta eius cedros dei.

Extendit palmites suos vsq̧ ad mare: et vsq̧ ad flumen propagines eius.

Ut quid destruxisti maceriam eius: ꝛ vin

pro populo christiano contra turcas

Feria.vj.ad matu. Fo.lxiiij.

demiãt eam oẽs qui pretergrediuntur viã.
Exterminauit eam aper de silua: ⁊ singu
laris ferus depastus est eam.
Deus virtutum cõuertere: respice de celo
et vide/et visita vineam istam.
Et perfice eam quã plãtauit dextera tua:
et super filium hoĩs quam cõfirmasti tibi.
Incensa igni et suffossa: ab increpatione
vultus tui peribunt.
Fiat manus tua super virũ dextere tue:
et super filium hoĩs quem cõfirmasti tibi.
Et non discedimus a te: viuificabis nos/
et nomen tuum inuocabimus.
Dñe deus virtutũ cõuerte nos: ⁊ ostende
faciẽ tuã ⁊ salui erimus. Gloria. Añ. Pro
picius esto pctis nostris dñe. ℣. Gaudebũt
labia mea: cũ cãtauero tibi. ℟. Et aĩa mea
quam redemisti. ¶ Feria sexta. Añ.

E

Exultate. Idem. Psalmus.lxxx.

Exultate deo adiutori nostro: iu=
bilate deo iacob.
Sumite psalmũ ⁊ date tympa=
nũ: psalteriũ iocundũ cũ cythara

Feria.vj.

Buccinate in neomenia tuba: in insigni
die solennitatis vestre.
Quia preceptum in israel est: et iudicium
deo iacob.
Testimonium in ioseph posuit illud cum
exiret de terra egypti: linguam quam non
nouerat audiuit.
Diuertit ab oneribus dorsum eius: manus eius in cophino seruierunt.
In tribulatione inuocasti me et liberaui
te: exaudiui te in abscondito tempestatis/
probaui te apud aquam contradictionis.
Audi populus meꝰ & cõtestabor te: israel
si audieris me non erit in te deus recens/
neq̃ adorabis deum alienum.
Ego enim sum dñs deus tuus qui eduxi
te de terra egypti: dilata os tuum & imple-
bo illud.
Et non audiuit populus meus vocẽ meã:
et israel non intendit michi.
Et dimisi eos secundum desyderia cordis
eorum: ibunt in adinuentionibus suis.
Si populus meus audisset me: israel si in
vijs meis ambulasset.
Pro nichilo forsitan inimicos eorũ humi-
liassem: et super tribulantes eos misissem

manum meam.
Inimici dñi mẽtiti sunt ei: et erit tempus eorum in secula.
Et cibauit illos ex adipe frumẽti: et de petra melle saturauit eos. Psalmus.lxxxj.
Deus stetit in synagoga deorum: in medio autem deos dijudicat.
Usquequo iudicatis iniquitatem: et facies peccatorum sumitis.
Iudicate egeno et pupillo: humilẽ et pauperem iustificate.
Eripite pauperem: et egenũ de manu peccatoris liberate.
Nescierunt neque intellexerunt in tenebris ambulant: mouebuntur oĩa fundamenta terre.
Ego dixi dij estis: et filij excelsi omnes.
Uos autẽ sicut hoĩes moriemini: et sicut vnus de principibus cadetis.
Surge deus iudica terrã: quoniã tu hereditabis in omnibus gentibus. Gloria patri. Añ. Exultate deo adiutori nostro.

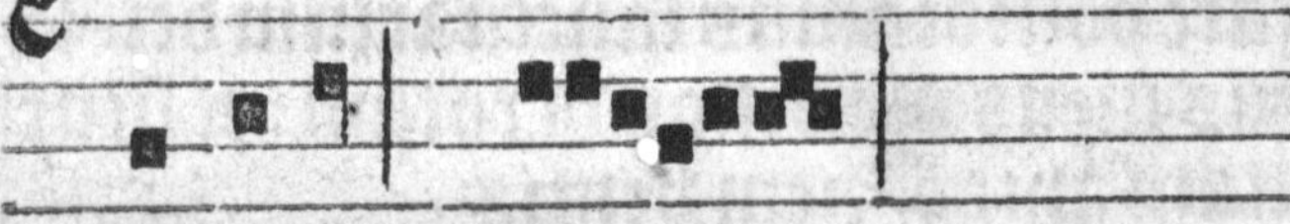

Tu solus. Deus quis. Psalm^9.lxxxij.

Feria .vj.

populus christianus contra turcas

Deus qs similis erit tibi: ne taceas neqz compescaris deus.
Qm ecce inimici tui sonuerunt: et qui oderunt te extulerunt caput.
Super populū tuum malignauerūt consiliū: et cogitauerunt aduersus sctōs tuos.
Dixerunt / venite et disperdamus eos de gente: et non memoretur nomē israel vltra.
Qm cogitauerunt vnanimiter simul aduersus te testamentū disposuerunt: tabernacula idumeorum et ismahelite.
Moab / et agareni / gebal / et amon / et amalech: alienigene cum habitantibus tyrum.
Etenim assur venit cum illis: facti sunt in adiutorium filijs loth.
Fac illis sicut madian et sysare: sicut iabin in torrente cyson.
Disperierunt in endor: facti sunt vt stercus terre.
Pone principes eorum: sicut oreb / et zeb / et zebee / et salmana.
Omnes principes eorum: qui dixerūt hereditate possideamus sanctuarium dei.
Deus meus pone illos vt rotam: et sicut stipulam ante faciem venti.
Sicut ignis qui comburit siluam: et sicut

ad matu. Fo.lxvj.

flamma comburens montes.
I ta persequeris illos in tempestate tua:
et in ira tua turbabis eos.
I mple facies eorū ignominia: et querent
nomen tuum domine.
E rubescant et conturbentur in seculū se=
culi: et confundantur et pereant.
E t cognoscāt quia nomē tibi deꝰ: tu solus
altissimus in omni terra. Psalmꝰ.lxxxiij.
Q Uā dilecta tabernacula tua domīe
virtutum: concupiscit et deficit ani=
ma mea in atria domini.
Cor meum et caro mea: exultauerunt in
deum viuum.
E teni passer inuenit sibi domū: et turtur
nidum sibi vbi reponat pullos suos.
A ltaria tua domine virtutum: rex meus
et deus meus.
B eati qui habitant in domo tua: in secu=
la seculorum laudabunt te.
B eatus vir cuius est auxiliū abs te: ascen
siōes in corde suo disposuit in valle lachry=
marum in loco quem posuit.
E tenim benedictiones dabit legislator:
ibunt de virtute in virtutē videbitur deus
deorum in syon.

i.ij.

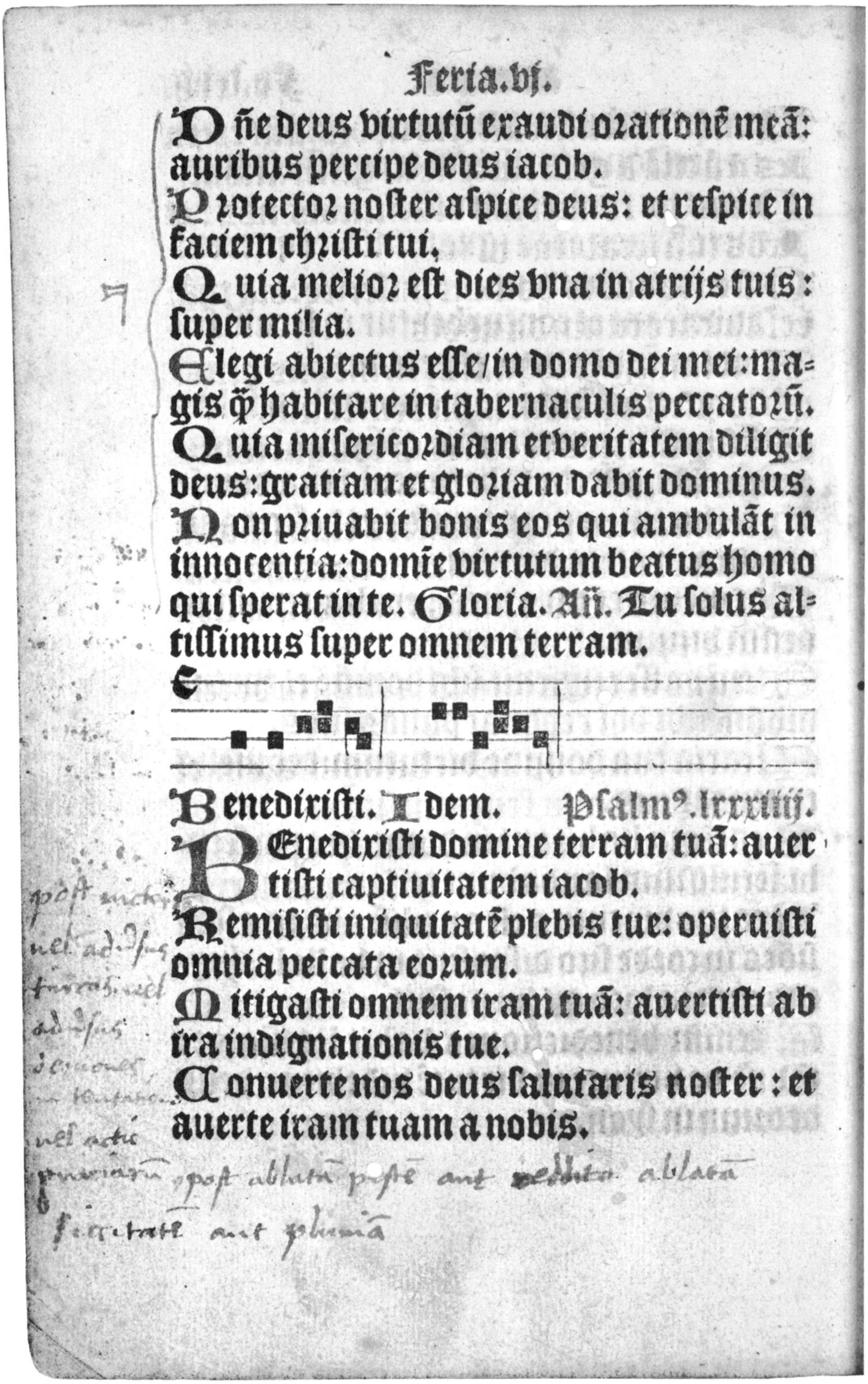

Feria.vi.

Dñe deus virtutũ exaudi orationẽ meã: auribus percipe deus iacob.

Protector noster aspice deus: et respice in faciem christi tui.

Quia melior est dies vna in atrijs tuis: super milia.

Elegi abiectus esse/in domo dei mei: magis q̃ habitare in tabernaculis peccatorũ.

Quia misericordiam et veritatem diligit deus: gratiam et gloriam dabit dominus.

Non priuabit bonis eos qui ambulãt in innocentia: domĩe virtutum beatus homo qui sperat in te. Gloria. Añ. Tu solus altissimus super omnem terram.

Benedixisti. Idem. Psalmus.lxxxiiij.

Benedixisti domine terram tuã: auertisti captiuitatem iacob.

Remisisti iniquitatẽ plebis tue: operuisti omnia peccata eorum.

Mitigasti omnem iram tuã: auertisti ab ira indignationis tue.

Conuerte nos deus salutaris noster: et auerte iram tuam a nobis.

Nunqd ieternū irasceris nobis: aut exten
des irā tuā a generatione in generationē.
Deus tu conuersus viuificabis nos: et
plebs tua letabitur in te.
Ostende nobis domine misericordiā tuā:
et salutare tuum da nobis.
Audiam quid loquatur in me dñs deus:
qm̄ loquetur pacem in plebem suam.
Et sup sanctos suos: et in eos qui cōuer=
tuntur ad cor.
Ueruntamen prope timētes eum saluta=
re ipsius: vt inhabitet glīa in terra nostra.
Misericordia ꝛ veritas obuiauerunt sibi:
iusticia ꝛ pax osculate sunt.
Ueritas de terra orta est: ꝛ iusticia de celo
prospexit.
Etenim dominus dabit benignitatem: et
terra nostra dabit fructum suum.
Iusticia ante eum ambulabit: ꝛ ponet in
via gressus suos. Psalmus.lxxxv.
Inclina dñe aurem tuā ꝛ exaudi me:
quoniam inops et pauper sum ego.
Custodi aiam meā qm̄ sāctus sum: saluū
fac seruū tuū deus meus sperantem in te.
Miserere mei domine quoniā ad te clama
ui tota die: letifica animā serui tui qm̄ ad

i.iij.

Feria.vj.

te domine animam meam leuaui.
Qm̃ tu dñe suauis ⁊ mitis: ⁊ multe misericordie omnibus inuocantibus te.
Auribus percipe domie orationẽ meã: et
intende voci deprecationis mee.
In die tribulationis mee clamaui ad te:
quia exaudisti me.
Non est similis tui in dijs domie: et nõ est
secundum opera tua.
Oẽs gẽtes quascũq; fecisti veniẽt ⁊ adora
bũt corã te dñe: ⁊ glorificabũt nomẽ tuum.
Quoniam magnus es tu: ⁊ faciẽs mirabilia tu es deus solus.
Deduc me domie in via tua/ et ingrediar
in veritate tua: letetur cor meum vt timeat
nomen tuum.
Confitebor tibi dñe deꝰ meus in toto corde meo: ⁊ glorificabo nomẽ tuũ in eternũ.
Quia misericordia tua magna est super
me/ ⁊ eruisti aiam meã ex inferno inferiori
Deus iniqui insurrexerũt sup me/ ⁊ syna
goga potentiũ quesierunt animã meam: ⁊
non proposuerunt te in conspectu suo.
Et tu domie deꝰ miserator et misericors:
patiens ⁊ multe misericordie ⁊ verax.
Respice in me ⁊ miserere mei: da imperiũ

puero tuo/ & saluū fac filiū ancille tue.
Fac mecum signū in bono: vt videāt qui
oderūt me et confundantur/ qm̄ tu domine
adiuuisti me & consolatus es me. Gloria.
Añ. Benedixisti domine terram tuam.

Fundamenta. Idem. Psalmꝰ.lxxxvj.
Fundamenta eius in montibus san=
ctis: diligit dominus portas syō su=
per omnia tabernacula iacob.
Gloriosa dicta sunt de te: ciuitas dei.
Memor ero raab & babylonis: sciētibꝰ me.
Ecce alienigene & tyrus & populus ethyo=
pum: hi fuerunt illic.
Nunquid syō dicet homo: et homo natus
est in ea/ et ipse fundauit eam altissimus.
Dn̄s narrabit in scripturis populorum:
et principum horum qui fuerunt in ea.
Sicut letantiū: omniū habitatio in te.
Domie deus salutis mee: (ps̄.lxxxvij
in die clamaui et nocte coram te.
Intret in conspectu tuo oratio mea: incli=
na aurem tuam ad precem meam.
Quia repleta est malis anima mea: & vi=

i.iiij.

Feria.vj.

ta mea in inferno appropinquauit.

in tribu-
latione
vehementi
et in carcere

Estimatus sum cum descēdentibus in lacum: fact⁹ sum sicut homo sine adiutorio inter mortuos liber.

Sicut vulnerati dormiētes in sepulchris quorum non es memor amplius, et ipsi de manu tua repulsi sunt.

Posuerūt me in lacu inferiori: in tenebrosis et in umbra mortis.

Super me confirmatus est furor tuus: et omnes fluctus tuos induxisti super me.

Longe fecisti notos meos a me: posuerūt me abominationem sibi.

Traditus sum & nō egrediebar: oculi mei languerunt pre inopia.

Clamaui ad te dñe: tota die expandi ad te manus meas.

Nunquid mortuis facies mirabilia: aut medici suscitabunt et confitebuntur tibi.

Nunq̄d narrabit aliquis in sepulchro misericordiā tuā: et veritatē tuā in pditione.

Nunquid cognoscent in tenebris mirabilia tua: et iusticia tua in terra obliuionis.

Et ego ad te dñe clamaui: et mane oratio mea preueniet te.

Ut quid dñe repellis orationē meā: auertis faciem tuam a me.

Pauper sum ego et in laboribus a iuuentute mea: exaltatus autē humiliatus sum et conturbatus.

In me transierunt ire tue: et terrores tui conturbauerunt me.

Circundederunt me sicut aqua tota die: circundederunt me simul.

Elongasti a me amicum et proximum: et notos meos a miseria.

Gloria patri. Sicut. Añ. Fundamenta eius in montibus sanctis.

Benedictus. Misericordias. ps.lxxxviij.

Misericordias dñi: ineternū cātabo.

In generatiōe et generationē: annunciabo veritatem tuam in ore meo.

Qm̄ dixisti ineternū misericordia edificabit in celis: preparabit veritas tua in eis.

Disposui testamētum electis meis: iuraui dauid seruo meo vsq; ineternum prepa- rabo semen tuum.

Et edificabo in generatione & generationem: sedem tuam.

Feria. vi.

Confitebuntur celi mirabilia tua domīe: etenim veritatem tuam in ecclesia sctōꝝ.

Quoniā quis in nubibus equabitur domino: similis erit domino in filijs dei.

Deus qui glorificatur in consilio sanctorum: magnus et terribilis super omēs qui in circuitu eius sunt.

Domīe deus virtutum quis similis tibi: potens es dñe ꝛ veritas tua in circuitu tuo

Tu domīaris potestatis maris: motum autem fluctuum eius tu mitigas.

Tu humiliasti sicut vulneratū superbū: in brachio virtutis tue dispersisti inimicos tuos.

Tui sunt celi ꝛ tua est terra / orbem terre et plenitudinē eius tu fundasti: aquilonem et mare tu creasti.

Thabor / ꝛ hermon / in nomīe tuo exultabunt: tuum brachium cum potentia.

Firmetur manus tua et exaltetur dextera tua: iusticia et iudicium preparatio sedis tue.

Misericordia ꝛ veritas precedēt faciē tuā: beatus populus qui scit iubilationem.

Domīe in lumine vult⁹ tui ambulabunt / et in nomine tuo exultabunt tota die: et in

iusticia tua exaltabuntur.
Qm̃ in gloria virtutis eorũ tu es: ⁊ in bene=
placito tuo exaltabitur cornu nostrum.
Quia domini est assumptio nostra: ⁊ san
cti israel regis nostri.
Tunc locutus es in visione sanctis tuis ⁊
dixisti: posui adiutoriũ in potente/ ⁊ exalta
ui electum de plebe mea.
Inueni dauid seruum meum: oleo sãcto
meo vnxi eum.
Manus enim mea auxiliabitur ei: et bra=
chium meum confirmabit eum.
Nichil ꝓficiet inimicus in eo: ⁊ filius ini=
quitatis non apponet nocere ei.
Et concidã a facie ipsius inimicos eius: ⁊
odientes eum in fugam conuertam.
Et veritas mea et misericordia mea cum
ipso: ⁊ in nomĩe meo exaltabit̃ cornũ eius.
Et ponam in mari manum eius: ⁊ in flu=
minibus dexteram eius.
Ipse inuocauit me pater meus es tu: deꝰ
meus et susceptor salutis mee.
Et ego primogenitũ ponam illum: excel=
sum pre regibus terre.
In eternũ seruabo illi misericordiã meã:
et testamentum meum fidele ipsi.

Auertisti adiutorium gladij eius: et non es auxiliatus ei in bello.

Destruxisti eum ab emundatione: et sedē eius in terra collisisti.

Minorasti dies temporis eius: perfudisti eum confusione.

Usquequo domine auertis in finem: exardescet sicut ignis ira tua.

Memorare que mea substantia: nunquid enim vane cōstituisti oēs filios hoim.

Quis est homo qui viuet et non videbit mortē: eruet animā suam de manu inferi.

Ubi sunt misericordie tue antiq̄ domine: sicut iurasti dauid in veritate tua.

Memor esto dn̄e obprobrij seruorū tuorꝝ: quod cōtinui in sinu meo multarꝝ gentiū.

Quod exprobrauerūt inimici tui dn̄e: qd̄ exprobrauerūt cōmutationē christi tui.

Benedictus dn̄s ineternū: fiat fiat.

¶ Non dicitur ad noctur. Psalmus lxxxix.

Domine refugium factus es nobis: a generatione in generationem.

Priusq̄ mōtes fierēt aut formaret terra et orbis: a seculo ⁊ vsq; in seculū tu es deus

Ne auertas hominem in humilitatem: ⁊ dixisti conuertimini filij hominum.

Feria.vj.

Quoniam mille anni ante oculos tuos: tanq̄ dies hesterna que preterijt.

Et custodia in nocte: que p̄ nichilo habentur eorum anni erunt.

Mane sicut herba trāseat mane floreat et transeat: vespe decidat induret ⁊ arescat.

Quia defecim⁹ in ira tua: ⁊ in furore tuo turbati sumus.

Posuisti iniq̄tates nostras i cōspectu tuo: seculū nostrū in illuminatiōe vultus tui.

Quoniam omnes dies nostri defecerunt: et in ira tua defecimus.

Anni nostri sicut aranea meditabuntur: dies annoꝝ nr̄oꝝ in ipsis septuagita āni.

Si autem in potentatibus octoginta anni: et amplius eorum labor et dolor.

Qm̄ supuenit māsuetudo: ⁊ corripiemur

Quis nouit potestatē ire tue: et pre timore tuo iram tuam dinumerare.

Dexteram tuā sic notam fac: et eruditos corde in sapientia.

Conuertere domine vsq̄quo: ⁊ deprecabilis esto super seruos tuos.

Repleti sum⁹ mane mīa tua: et exultauimus ⁊ delectati sum⁹ in oīb⁹ dieb⁹ nostris.

Letati sumus pro diebus quibus nos hu

ad matu. Fo.lxxii.

miliasti: annis quibus vidimus mala.

Respice in seruos tuos et in opera tua: et dirige filios eorum.

Et sit splendor dñi dei nostri super nos: et opera manuū nostrarū dirige super nos / et opus manuum nostrarum dirige.

ut opus / prospere / deus

Non dicitur ad noctur. Psalmus.xc.

Qui habitat in adiutorio altissimi: in protectione dei celi commorabitur.

de protectione dei

Dicet domino susceptor meus es tu et refugium meum deus meus: sperabo in eū.

Quoniam ipse liberauit me de laqueo venantium: et a verbo aspero.

Scapulis suis obūbrabit tibi: & sub pēnis eius sperabis.

Scuto circundabit te veritas eius: non timebis a timore nocturno.

A sagitta volante in die a negocio p̄ambulante in tenebris: ab incursu et demonio meridiano.

demonis

Cadēt a latere tuo mille / & decē milia a dextris tuis: ad te autē nō appropinquabit.

Veruntamen oculis tuis cōsiderabis: et retributionem peccatorum videbis.

Quoniam tu es domine spes mea: altissimum posuisti refugium tuum.

Feria.vj.

Non accedet ad te malum: ꝛ flagellũ non
appꝛopinquabit tabernaculo tuo.
Q uoniam angelis suis mandauit de te:
vt custodiant te in omnibus vijs tuis.
I n manibus poꝛtabunt te: ne foꝛte offen
das ad lapidem pedem tuum.
S uper aspidẽ ꝛ basiliscum ambulabis: ꝛ
conculcabis leonem et dꝛaconem.
Q m̃ in me sperauit liberabo eum: pꝛote-
gam eum quoniã cognouit nomen meũ.
C lamauit ad me et ego exaudiam eum:
cum ipso sum in tribulatiõe / eripiam eum
et gloꝛificabo eum.
L ongitudine dierũ replebo eum: ꝛ osten=
dam illi salutare meum.
Non dicitur ad noctur. Psalm⁹.xcj.
B Onum est confiteri domino: et psal=
lere nomini tuo altissime.
Ad annunciandum mane misericoꝛdiam
tuam: et veritatem tuam per noctem.
I n decacoꝛdo psalterio: cum cantico in cy
thara.
Q uia delectasti me dñe in factura tua: et
in operibus manuum tuarum exultabo.
Q m̃ magnificata sunt opera tua domĩe:
nimis ꝓfunde facte sunt cogitatiões tue.

Vir insipiẽs non cognoscet: & stultus non intelliget hec.

Cum exorti fuerint pctõres sicut fenũ: et apparuerint oẽs qui operantur iniquitatẽ

Vt intereant in seculum seculi: tu autem altissimus in eternum domine.

Quoniã ecce inimici tui domie quoniam ecce inimici tui peribunt: et dispgentur om nes qui operantur iniquitatem.

Et exaltabit sicut vnicornis cornu meũ: & senectus mea in misericordia vberi.

Et despexit oculus me⁹ inimicos meos: et insurgentib⁹ in me malignantibus audiet auris mea.

Iustus vt palma florebit: sicut cedrus libani multiplicabitur.

Plantati in domo domini: in atrijs dom⁹ dei nostri florebunt.

Adhuc multiplicabuntur in senecta vberi: et bene patientes erunt vt anuncient.

Quoniam rectus dominus deus noster: et non est iniquitas in eo.

¶ Non dicitur ad noctur. Psalmus. xcij.

Dominus regnauit decorem indut⁹ est: indutus est dominus fortitudinem et precinxit se.

k.j.

Feria.vj.

Etenī firmauit orbē terre:q̇ nō ꝯmouebit
Parata sedes tua ex tunc:a seculo tu es.
Eleuauerunt flumina domine: eleuauerunt flumina vocem suam.
Eleuauerunt flumina fluctus suos:a vo-
cibus aquarum multarum.
Mirabiles elationes maris:mirabilis in
altis dominus.
Testimonia tua credibilia facta sunt nimis: domū tuam decet sanctitudo domine
in longitudinem dierum. Psalmꝰ.xciij.
Deus vltionū dominus: deus vltio-
num libere egit.
Exaltare qui iudicas terram: redde retri
butionem superbis.
Usqꝫquo peccatores domine: vsqꝫquo pec
catores gloriabuntur.
Effabuntur ⁊ loquentur iniquitatem: lo
quentur omnes qui operantur iniusticiā.
Populum tuum domine humiliauerunt:
et hereditatem tuam vexauerunt.
Uiduam ⁊ aduenam interfecerunt: ⁊ pu-
pillos occiderunt.
Et dixerunt/non videbit dominus:nec intelliget deus iacob.
Intelligite insipientes in populo:et stulti

ad matu. Fo.lxxiiij.

aliquando sapite.

Qui plantauit aurem nõ audiet: aut qui finxit oculum non considerat.

Qui corripit gẽtes non arguet: qui docet hominem scientiam.

Dñs scit cogitatiões hoim: qm̃ vane sunt

Beatus homo quem tu erudieris domie: et de lege tua docueris eum.

Ut mitiges eum a dieb⁹ malis: donec fodiatur peccatori fouea.

Quia non repellet dominus plebem suã: et hereditatem suam non derelinquet.

Quoadusq; iusticia conuertat in iudiciũ: et qui iuxta illã omẽs qui recto sunt corde.

Quis ꝯsurget mihi aduers⁹ malignãtes: aut q̃s stabit mecũ aduers⁹ opãtes iniq̃tatẽ.

Nisi quia dominus adiuuit me: paulominus habitasset in inferno anima mea.

Si dicebam motus est pes meus: misericordia tua domine adiuuabat me.

Scd̃m multitudinẽ dolorꝫ meorũ in corde meo: ꝯsolatiões tue letificauerũt aiaꝫ meã

Nunquid adheret tibi sedes iniquitatis: qui fingis dolorem in precepto.

Captabunt in animam iusti: et sanguinẽ innocentem condemnabunt.

k.ij.

gratias agit q̃ seruauit eũ deus in seruitute

Feria.vj.

7 Et factus est michi dominus in refugiū: et deus meus in adiutorium spei mee.
Et reddet illis iniquitatem ipsorum/et in malicia eorum disperdet eos: disꝑdet illos dominus deus noster.
¶Non dicitur ad noctur. Psalmus.xciiij.

Invitato ad oratione

Venite exultemus domīo: iubilem⁹ deo salutari nostro.
Preocupemus faciem eius in confessiōe: et in psalmis iubilemus ei.
Qm̄ deus magnus dominus: et rex magnus super omnes deos.
Quia in manu eius sunt oīes fines terre: et altitudines montium ipsius sunt.
Quoniā ipsius est mare et ipse fecit illud: et siccam manus eius formauerunt.
Venite adoremus et procidamus/et ploremus ante dominum qui fecit nos: quia ipse est dominus deus noster.
Et nos popul⁹ pascue ei⁹: ⁊ oues man⁹ ei⁹
Hodie si vocem eius audieritis: nolite obdurare corda vestra.
Sicut in irritatione: secundum diem temptationis in deserto.
Ubi tentauerunt me patres vestri: probauerunt et viderunt opera mea.

Quadraginta annis offẽsus fui generationi illi: et dixi semper errant corde.
Et isti non cognouerũt vias meas: vt iuraui in ira mea si intrabũt in requiẽ meã.
Gloria. Añ. Bñdictus dñs ineternum.

Cantate dño. Idem. Psalmus. xcv.

Cantate domio canticũ nouum: cantate domino omnis terra.
Cantate domino ⁊ bñdicite nomini eius:
annunciate de die in diem salutare eius.
Annunciate inter gẽtes gloriam eius: in
omnibus populis mirabilia eius.
Quoniam magnus dominus ⁊ laudabilis nimis: terribilis est super omnes deos.
Quoniam omnes dij gentium demonia:
dominus autem celos fecit.
Cõfessio ⁊ pulcritudo in cõspectu eiꝰ: scti-
monia et magnificẽtia in sctificatiõe eius.
Afferte dño patrie gentiũ afferte dño glo
riã ⁊ honorẽ: afferte dño gloriã nomini eiꝰ.
Tollite hostias et introite in atria eius:
adorate dominum in atrio sancto eius.
Commoueatur a facie eius vniuersa ter-

k.iij.

Feria.vj

ra:dicite in gentibus quia dn̄s regnauit.
Etenim correxit orbē terre qui non cōmo=
uebitur:iudicabit populos in equitate.
Letētur celi et exultet terra/cōmoueatur
mare et plenitudo eius: gaudebunt campi
et omnia que in eis sunt.
Tunc exultabūt oīa ligna siluarū a fa=
cie dn̄i:quia venit/qm̄ venit iudicare terrā.
Iudicabit orbē terre in equitate: ⁊ popu=
los in veritate sua. Psalmus.xcvj.
Dominus regnauit exultet terra:le=
tentur insule multe.
Nubes ⁊ caligo in circuitu eius:iusticia ⁊
iudicium correctio sedis eius.
Ignis ante ipsum precedet: ⁊ inflamma=
bit in circuitu inimicos eius.
Alluxerunt fulgura eius orbi terre:vidit
et commota est terra.
Montes sicut cera fluxerunt a facie domi
ni:a facie domini omnis terra.
Annunciauerunt celi iusticiam eius:⁊ vi
derunt omnes populi gloriam eius.
Confundantur omnes qui adorant scul=
ptilia:⁊ qui gloriantur in simulacris suis.
Adorate eum oēs angeli eius: audiuit
et letata est syon.

Sabbato ad matu. Fo.lxxvj.

Et exultauerūt filie iude: propter iudicia tua domine.

Quoniā tu dn̄s altissimus super omnem terrā: nimis exaltatus es sup oñes deos.

Qui diligitis dominū odite malū: custodit dominus animas sanctorum suorū de manu peccatoris liberabit eos.

Lux orta est iusto: et rectis corde leticia.

Letamini iusti in domino: et confitemini memorie sctificationis eius. Gloria. Añ.

Cantate domio et benedicite nomini eius.

℣. Intret oratio mea: in conspectu tuo domine. ℟. Inclina aurem tuam ad precem meam. ¶Sabbato. Añ.

Quia mirabilia. Cantate dn̄o. ps. xcvij.

Cantate domio canticum nouū: quia mirabilia fecit.

Saluauit sibi dextera eius: et brachium sanctum eius.

Notum fecit dominus salutare suum: in conspectu gentiū reuelauit iusticiā suam.

Recordatus est misericordie sue et veritatis sue: domui israel.

k.iiij.

in columna nubis loquebatur ad eos.
Custodiebãt testimonia eius: et preceptũ quod dedit illis.
Domine deus noster tu exaudiebas eos/ deus tu propicius fuisti eis: et ulciscens in omnes adinuentiones eorum.
Exaltate dñm deum nostrum: et adorate in mõte sancto eius/ qm̃ sanctus dominus deus noster. Gl'ia patri. Añ. Quia mirabilia fecit dominus.

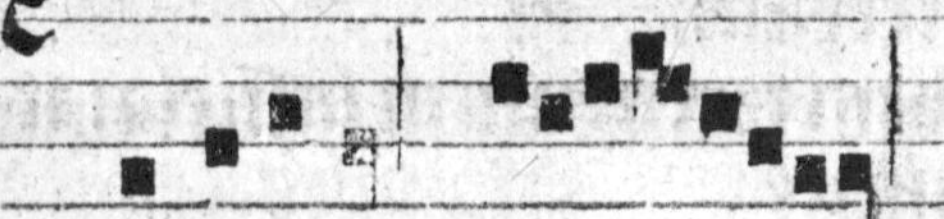

Iubilate. Idem. Psalmus.xcix.
Iubilate dño omnis terra: seruite domino in leticia.
Introite in cõspectu eius: in exultatione.
Scitote quoniam dominus ipse est deus: ipse fecit nos et non ipsi nos.
Populus eius & oues pascue eius introite portas eius in confessione: atria eius in hymnis confitemini illi.
Laudate nomẽ eius quoniam suauis est dominus: ineternum misericordia eius/ et usq; in generatione et generationem ueritas eius. Psalmus.C.

Sabbato

Misericordiam et iudicium cantabo tibi domine: psallam et intelligã in via immaculata quando venies ad me.

Perambulabã in innocentia cordis mei: in medio domus mee.

Non pponebã ante oculos meos rem iniustam: facientes preuaricationes odiui.

Non adhesit michi cor prauum: declinantem a me malignum non cognoscebam.

Detrahentem secreto proximo suo: hunc persequebar.

Superbo oculo et insatiabili corde: cum hoc non edebam.

Oculi mei ad fideles terre vt sedeãt mecũ: ambulãs in via immaculata hic michi ministrabat.

Non habitabit in medio domus mee qui facit superbiam: qui loquitur iniqua non direxit in conspectu oculorum meorum.

In matutiis interficiebã oẽs pctõres terre: vt disperderẽ de ciuitate dñi oẽs operãtes iniqtatẽ. Gloria. Añ. Jubilate deo ois terra

Clamor meus. Dñe exaudi. Psalm9.cj.

Domine exaudi orationem meam: ⁊ clamor meus ad te veniat.

Non auertas faciem tuam a me: in quacunq; die tribulor: inclina ad me aurẽ tuã.

In quacunq; die inuocauero te: velociter exaudi me.

Quia defecerunt sicut fumus dies mei: ⁊ ossa mea sicut cremium aruerunt.

Percussus sum vt fenum ⁊ aruit cor meũ: quia oblitus sum comedere panẽ meum.

A voce gemitus mei: adhesit os meũ carni mee.

Similis fact⁹ sum pellicano solitudinis: factus sum sicut nycticorax in domicilio.

Vigilaui: et fact⁹ sum sicut passer solitarius in tecto.

Tota die exprobrabãt michi inimici mei: et q̃ laudabãt me aduersum me iurabant.

Quia cinerẽ tanq̃ panem mãducabam: et potum meum cum fletu miscebam.

A facie ire et indignationis tue: quia eleuans allisisti me.

Dies mei sicut vmbra declinauerunt: et ego sicut fenum arui.

Tu autem dñe ineternũ permanes: ⁊ memoriale tuũ in generatiõe ⁊ generationẽ.

Sabbato.

Tu exurgēs misereberis syon: quia tempus miserendi eius quia venit tempus.
Qm̄ placuerūt seruis tuis lapides eius: et terre eius miserebuntur.
Et timebunt gentes nomen tuū domīe: et omnes reges terre gloriam tuam.
Quia edificauit dn̄s syon: & videbitur in gloria sua.
Respexit in orationem humilium: et non spreuit precem eorum.
Scribantur hec in generatione altera: et populus qui creabitur laudabit dominū.
Quia prospexit de excelso sancto suo: dn̄s de celo in terram aspexit.
Ut audiret gemitus compeditorū: vt solueret filios interemptorum.
Ut annuncient in syon nomen domini: et laudem eius in hierusalem.
In conueniendo populos in vnum: et reges vt seruiant domino.
Respondit ei in via virtutis sue: paucitatem dierum meorum nuncia michi.
Ne reuoces me in dimidio dierum meoꝝ: in generatione et generationem anni tui.
In initio tu domine terram fundasti: et opera manuum tuarum sunt celi.

Ipsi peribunt tu autem permanes: ⁊ oēs
sicut vestimentum veterascent.
Et sicut opertorium mutabis eos et mu=
tabuntur:tu autem idem ipse es ⁊ anni tui
non deficient.
Filij servoꝝ tuorū habitabunt : et semen
eorū in seculū dirigetur. Psalmus. cij.
Benedic anima mea dn̄o: ⁊ om̄ia que
intra me sunt nomini sancto eius.
Benedic anima mea domino: ⁊ noli obli=
uisci omnes retributiones eius.
Qui propiciatur oībus iniquitatib⁹ tuis:
qui sanat omnes infirmitates tuas.
Qui redimit de interitu vitam tuam:qui
coronat te in misericordia ⁊ miserationib⁹
Qui replet in bonis desideriū tuū : reno=
uabitur vt aquile iuuentus tua.
Faciens misericordias dominus:⁊ iudi=
cium omnibus iniuriam patientibus.
Notas fecit vias suas moysi:filijs israel
voluntates suas.
Miserator ⁊ misericors dominus:longa=
nimis et multum misericors.
Non in perpetuum irascetur:neqꝫ in eter=
num comminabitur.
Non scd̄m pctā nostra fecit nobis:neqꝫ se=

Invitatio ad agendas gratias

Sabbato.

misericordia dei

cundū iniquitates nr̄as retribuit nobis.
Qm̄ scd̄m altitudinem celi a terra: c orro=
borauit miam suam super timentes se.
Quantum distat ortus ab occidente: lon=
ge fecit a nobis iniquitates nostras.
Quomodo miseretur pater filioꝝ miser=
tus est dominus timētibus se: quoniā ipse
cognouit figmentum nostrum.
Recordatus est quoniam puluis sumus:
homo sicut fenum dies eius tāq̄ flos agri
sic efflorebit.
Qm̄ spūs ptransibit in illo ꝛ nō subsistet:
et non cognoscet amplius locum suum.
Misericordia autem domini ab eterno et
vsq; ineternum: super timentes eum.
Et iusticia illius in filios filiorū: his qui
seruant testamentum eius.
Et memores sunt mādatorum ipsius: ad
faciendum ea.
Dn̄s in celo parauit sedem suā: et regnū
ipsius omnibus dominabitur.
Benedicite dn̄o oēs angeli eius: potentes
virtute faciētes verbum illius / ad audien=
dam vocem sermonum eius.
Benedicite dn̄o om̄es virtutes eius: mini
stri eius qui facitis voluntatem eius.

Bñdicite dño oīa opera eius in oī loco do minatiōis eius: bñdic aīa mea dño. Gloria.
Añ. Clamor meus ad te veniat deus.

Benedic. Idem. Psalmus.ciij.
Benedic aīa mea dño: dñe deus me^9 magnificatus es vehementer.
Confessionē & decorem induisti: amictus lumine sicut vestimento.
Extendens celum sicut pellem: qui tegis aquis superiora eius.
Qui ponis nubem ascensum tuū: qui ambulas super pennas ventorum.
Qui facis angelos tuos spiritus: & ministros tuos ignem urentem.
Qui fundasti terram super stabilitatem suā: non inclinabitur in seculum seculi.
Abyssus sicut vestimentū amictus eius: super montes stabunt aque.
Ab increpatione tua fugient: a voce tonitrui tui formidabunt.
Ascendunt montes et descendunt campi: in locum quem fundasti eis.
Terminum posuisti quem non transgre=

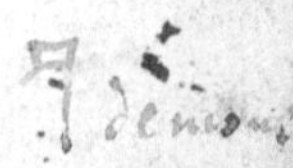

libus suis collocabuntur.
Exibit homo ad opus suum: et ad operationem suam vsq; ad vesperam.
Quam magnificata sunt opera tua domine: omnia in sapientia fecisti/ impleta est terra possessione tua.
Hoc mare magnũ et spaciosum manib⁹: illic reptilia quorum non est numerus.
Animalia pusilla cum magnis: illic naues pertransibunt.
Draco iste quẽ formasti ad illudendũ ei: oĩa a te expectãt vt des illis escã in tẽpore.
Dante te illis colligent: aperiente te manum tuam/omnia implebuntur bonitate.
Auertẽte autem te faciem turbabuntur: auferes spiritũ eorum et deficient/ & in puluerem suum reuertentur.
Emitte spiritum tuum et creabuntur: et renouabis faciem terre.
Sit gloria domini in seculum: letabitur dominus in operibus suis.
Qui respicit terram & facit eam tremere: qui tangit montes et fumigant.
Cantabo domino in vita mea: psallã deo meo q̃diu sum.
Iocundũ sit ei eloquium meum: ego vero

l.i.

maiestas dei

Sabbato

delectabor in domino.
Deficiãt pctõres a terra & iniqui ita vt nõ sint: benedic aĩa mea dño. Psalmus. ciiij.
Confitemini domĩo & inuocate nomẽ eius: annũciate inter gẽtes opa ei[9].
Cantate ei & psallite ei: narrate oĩa mirabilia eius/laudamini in nomĩe sctõ eius.
Letetur cor querentium dominũ: querite dominum & confirmamini/querite faciem eius semper.
Mementote mirabiliũ eius que fecit: prodigia eius et iudicia oris eius.
Semẽ abraham serui eius: filij iacob electi eius.
Ipse dñs deus noster: in vniuersa terra iudicia eius.
Memor fuit in seculũ testamẽti sui: verbi quod mandauit in mille generationes.
Quod disposuit ad abraham: & iuramenti sui ad ysaac.
Et statuit illud iacob in preceptũ: & israel in testamentum eternum.
Dicens/tibi dabo terram chanaan: funiculum hereditatis vestre.
Cum essent numero breui: paucissimi et incole eius.

ad matu. Fo.lxxxiij.
ignem vt luceret eis per noctem.
Petierunt & venit coturnix: & pane celi saturauit eos.
Dirupit petrã et fluxerunt aque: abierũt in sicco flumina.
Quoniã memor fuit verbi sãcti sui: quod habuit ad abraham puerum suum.
Et eduxit populũ suum in exultatione: et electos suos in leticia.
Et dedit illis regiones gentiũ: et labores populorũ posséderunt.
Ut custodiant iustificationes eius: & legẽ eius requirant. Gloria patri. Añ. Benedic anima mea domino.

Uisita nos dñe. Cõfitemini. Psalm9 cv.
COnfitemini dño quoniã bonus: quoniam in seculũ misericordia eius.
Quis loquetur potentias domini: auditas faciet omnes laudes eius.
Beati qui custodiunt iudicium: et faciunt iusticiam in omni tempore.
Memẽto nostri dñe in beneplacito populi tui: visita nos in salutari tuo.
l.iij.

Sabbato

Ad videndum in bonitate electorũ tuorũ ad letandum in leticia gentis tue: vt laude ris cum hereditate tua.

Peccauimus cum patribus nostris: iniu ste egimus iniquitatem fecimus.

Patres nostri in egypto non intellexerunt mirabilia tua: non fuerunt memores mul titudinis misericordie tue.

Et irritauerunt ascendentes in mare ma re rubrum: et saluauit eos propter nomen suum/ vt notam faceret potentiam suam.

Et increpuit mare rubrum et exsiccatum est: ⁊ deduxit eos ĩ abyssis sicut in deserto.

Et saluauit eos de manu odientiũ: et re= demit eos de manu inimici.

Et operuit aqua tribulãtes eos: vnus ex eis non remansit.

Et crediderũt in verbis eius: et laudaue= runt laudem eius.

Cito fecerunt obliti sunt operum eius: et non sustinuerunt consilium eius.

Et concupierũt concupiscentiam in deser to: et temptauerunt deum in inaquoso.

Et dedit eis petitionem ipsorum: et misit saturitatem in animas eorum.

Et irritauerũt moysen in castris: aaron

Sabbato

Et irritauerunt eum in adinuentionibus suis: & multiplicata est in eis ruina.
Et stetit phinees et placauit: et cessauit quassatio.
Et reputatum est ei in iusticiã: in generatione & generationẽ vsq3 in sempiternũ.
Et irritauerunt eum ad aquas contradictionis: et vexatus est moyses propter eos/ quia exacerbauerunt spiritum eius.
Et distinxit in labiis suis: non disperdiderunt gentes quas dixit dominus illis.
Et commixti sunt inter gentes / et didicerunt opera eorum/ & seruierũt sculptilibus eorum: et factum est illis in scandalum.
Et imolauerunt filios suos: & filias suas demoniis.
Et effuderunt sanguinem innocentẽ: sanguinem filiorũ suorũ & filiarũ suarũ quas sacrificauerunt sculptilibus chanaan.
Et interfecta est terra in sanguinibus/ et contaminata est in operibus eorũ: & fornicati sunt in adinuentionibus suis.
Et iratus est furore dñs in populũ suum: et abominatus est hereditatem suam.
Et tradidit eos in manus gentium: & dominati sunt eorum qui oderunt eos.

Sabbato

N onne tu deus qui repulisti nos: et non
exibis deus in virtutibus nostris.
D a nobis auxilium de tribulatiōe: quia
vana salus hominis.
I n deo faciemus virtutem: et ipse ad nichilum deducet inimicos nostros. ps. cviij.
D Eus laudē meā ne tacueris: qa os
pctōris ⁊ os dolosi sup me aptū est.
L ocuti sunt aduersum me ligua dolosa:
et sermonibus odij circundederunt me / et
expugnauerunt me gratis.
P ro eo vt me diligerēt detrahebāt michi:
ego autem orabā.
E t posuerunt aduersum me mala pro bo
nis: et odium pro dilectione mea.
C onstitue super eum peccatorem: et dya-
bolus stet a dextris eius.
C um iudicatur exeat cōdemnatus: ⁊ ora
tio eius fiat in peccatum.
F iant dies eius pauci: et episcopatū eius
accipiat alter.
F iant filij eius orphani: ⁊ vxor ei⁹ vidua.
N utantes transferantur filij eius ⁊ men-
dicent: eijciantur de habitationibus suis.
S crutetur fenerator omnem substātiam
eius: et diripiant alieni labores eius.

Nõ sit illi adiutor : nec sit qui misereatur pupillis eius.

Fiant nati eius in interitum : in generatione vna deleatur nomen eius.

In memoriam redeat iniquitas patrum eius in conspectu domini: et peccatum matris eius non deleatur.

Fiant contra dominum semper: et dispereat de terra memoria eorum/pro eo quod non est recordatus facere misericordiam.

Et persecutus est hominẽ inopem & mendicum: et compunctum corde mortificare.

Et dilexit maledictionẽ et veniet ei: et noluit benedictionem et elongabitur ab eo.

Et induit maledictionem sicut vestimentum: & intrauit sicut aqua in interiora ei⁹/ et sicut oleum in ossibus eius.

Fiat ei sicut vestimentum quo operitur : et sicut zona qua semper precingitur.

Hoc op⁹ eorũ q̃ detrahũt michi apud dñm: et qui loquunt̃ mala aduersus aĩam meã.

Et tu dñe dñe fac mecum propter nomen tuũ: quia suauis est misericordia tua.

Libera me q̃a egenus & pauper ego sum: et cor meũ conturbatũ est intra me.

Sicut vmbra cum declinat ablatus sum:

Confessio et magnificētia opus eius: ꝛ iustitia eius manet in seculum seculi.
Memoriã fecit mirabiliũ suoꝝ: misericors et miserator dñs / escã dedit timentibus se.
Memor erit in seculum testamēti sui: virtutē operũ suoꝝ annunciabit populo suo.
Ut det illis hereditatem gentium: opera manuum eius veritas et iudicium.
Fidelia oĩa mandata eius: cõfirmata in seculũ seculi / facta in veritate ꝛ equitate.
Redemptionē misit populo suo: mandauit ineternum testamentum suum.
Sanctum et terribile nomē eius: initium sapientie timor domini.
Intellectus bonus oĩbus facientibus eum: laudatio eius manet in seculũ seculi.
Gloria patri. Añ. Fidelia omnia manda ta eius: confirmata in seculum seculi.

In mandatis. Btũs vir qui. Psalmꝰ cxi.
Beatus vir qui timet dominũ: in mãdatis eius volet nimis.
Potens in terra erit semē eius: generatio rectorum benedicetur.

Gloria et diuitie in domo eius: et iusticia eius manet in seculum seculi.

Exortum est in tenebris lumen rectis: misericors et miserator et iustus.

Iocundus homo qui miseretur et cõmodat/ disponit sermones suos in iudicio: qa ineternum non commouebitur.

In memoria eterna erit iustus: ab auditione mala non timebit.

Paratum cor eius sperare in domio: confirmatum est cor eius nõ commouebitur/ donec despiciat inimicos suos.

Dispsit dedit paupib9: iusticia ei9 manet in seculũ seculi/ cornu ei9 exaltabit in gl'ia.

Peccator videbit et irascet/ dentibus suis fremet et tabescet: desiderium peccatorum peribit. Gloria patri et filio. Añ. In mandatis eius volet nimis.

Sit nomẽ domi. Laudate pueri. ps. cxij.

Laudate pueri dominũ: laudate nomen domini.

Sit nomen domini benedictũ: ex hoc nũc et vsq; in seculum.

m.ij.

mortis: et pericula inferni inuenerunt me.
Tribulationem et dolorem inueni: et nomen domini inuocaui.
O domine libera animã meã: misericors dñs et iustus/et deus noster miseretur.
Custodiẽs paruulos dominus: humiliatus sum et liberauit me.
Cõuertere anima mea in requiem tuam: quia dominus benefecit tibi.
Quia eripuit aiam meam de morte: oculos meos a lachrymis/pedes meos a lapsu
Placebo domino: in regione viuorum.
Gloria patri et. Añ. Inclinauit dominus aurem suam michi.

Credidi. Ipsum. Psalmus.cxv.
CRedidi propter qđ locutus sum: ego autem humiliatus sum nimis.
Ego dixi in excessu meo: ois homo mẽdax
Quid retribuam domino: pro omnibus que retribuit michi.
Calicem salutaris accipiam: ꝛ nomen domini inuocabo.
Vota mea domino reddam coram omni

m.iiij.

Feria Secunda

populo eius: preciosa in conspectu domini mors sanctorum eius.

O domine quia ego seruus tuus: ego seruus tuus et filius ancille tue.

Dirupisti vincula mea: tibi sacrificabo hostiam laudis / et nomen domini inuocabo.

Vota mea domino reddam in conspectu omnis populi eius: in atrijs domus domini in medio tui hierusalem. Gloria patri.

Añ. Credidi propter quod locutus sum.

Laudate. Ipsum. Psalmus.cxvj.

LAudate dominum omnes gentes: laudate eum omnes populi.

Qm̃ confirmata est super nos misericordia eius: et veritas dñi manet ineternum.

Glia. Añ. Laudate dñm omnes gentes.

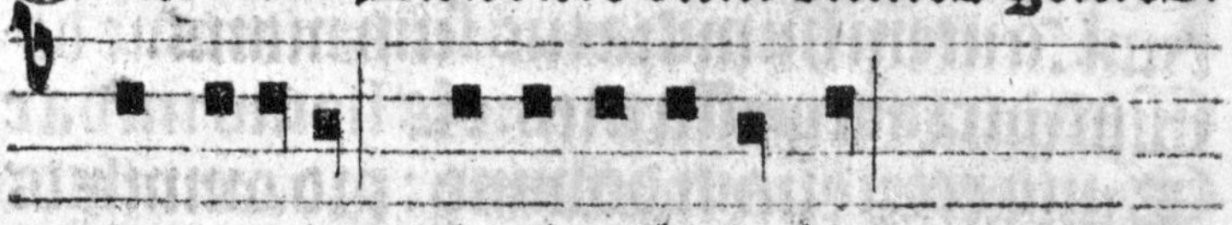

Clamaui. Ad dñm cũ tribu. ps.cxviij.

COnfitemini domino quoniã bonus: quoniã in seculũ misericordia eius.

Dicat nunc israel quoniam bonus: quo=

niam in seculum misericordia eius.
Dicat nunc domus aarō: quoniam in se-
culum misericordia eius.
Dicant nunc qui timent dominum: quo-
niam in seculum misericordia eius.
De tribulatione inuocaui dominū: et exaudiuit me in latitudine dominus.
Dn̄s michi adiutor: non timebo quid fa-
ciat michi homo.
Dominus mihi adiutor: & ego despiciam
inimicos meos.
Bonū est cōfidere in dn̄o: q̄ꝑ ꝯfidere i hoīe.
Bonum est sperare in domino: q̄ꝑ sperare
in principibus.
Omnes gentes circuierunt me: & in nomi
ne domini quia vltus sum in eos.
Circundantes circundederūt me: & in nomine domini quia vltus sum in eos.
Circundederunt me sicut apes/ et exarse-
runt sicut ignis in spinis: et in nomine domini quia vltus sum in eos.
Impulsus euersus sum vt caderem: & do
minus suscepit me.
Fortitudo mea et laus mea dominus: et
factus est michi in salutem.
Vox exultationis et salutis: in taberna-

Ad Primam. Fo.xciiij.

Confitebor tibi quoniam exaudiſti me: et factus es michi in ſalutem.

Confitemini dño quoniã bonus: quoniã in ſeculum miſericordia eius.

C

Deus. Deus in nomie tuo. ps.cxviij.

Beati immaculati in via: qui ambulant in lege domini.

Beati qui ſcrutant̃ teſtimonia eius: in toto corde exq̃runt eum.

Non enim qui operantur iniquitatem: in viјs eius ambulauerunt.

Tu mãdaſti: mãdata tua cuſtodiri nimis

Utinã dirigantur vie mee: ad cuſtodiendas iuſtificationes tuas.

Tunc non confundar: cum perſpexero in omnibus mandatis tuis.

Confitebor tibi in directione cordis: in eo quod didici iudicia iuſticie tue.

Iuſtificationes tuas cuſtodiam: non me derelinquas vſqꝫquaqꝫ.

In quo corrigit adoleſcẽtior viam ſuam: in cuſtodiendo ſermones tuos.

In toto corde meo exq̃ſiui te: ne repellas

Ad Primam

me a mandatis tuis.

In corde meo abſcōdi eloquia tua: vt nō peccem tibi.

Benedictus es domine: doce me iuſtificationes tuas.

In labijs meis pronunciaui: omnia iudicia oris tui.

In via teſtimoniorum tuorū delectatus ſum: ſicut in omnibus diuitijs.

In mandatis tuis exercebor: ⁊ conſiderabo vias tuas.

In iuſtificationibus tuis meditabor: nō obliuiſcar ſermones tuos. Gloria.

Retribue ſeruo tuo: viuifica me ⁊ cuſtodiam ſermones tuos.

Reuela oculos meos: et cōſiderabo mirabilia de lege tua.

Incola ego ſum in terra: non abſcondas a me mandata tua.

Concupiuit anima mea deſiderare iuſtificationes tuas: in omni tempore.

Increpaſti ſuperbos: maledicti qui declinant a mandatis tuis.

Aufer a me opprobrium ⁊ contemptum: quia teſtimonia tua exquiſiui.

Etenim ſederunt principes et aduerſum

salutare tuũ secundũ eloquium tuum.
Et respõdebo exprobrantibus michi ver=
bum: quia speraui in sermonibus tuis.
Et ne auferas de ore meo verbũ veritatis
vsquequaque: quia in iudicijs tuis supersperaui.
Et custodiam legem tuam semper: in secu=
lum et in seculum seculi.
Et ambulabam in latitudine: quia man=
data tua exquisiui.
Et loquebar in testimonijs tuis in cõspe=
ctu regum: et non confundebar.
Et meditabar in mandatis tuis: q̃ dilexi.
Et leuaui manus meas ad mandata tua
que dilexi: et exercebor in iustificationibus
tuis. Gloria patri.
Memor esto verbi tui seruo tuo: in quo
michi spem dedisti.
Hec me cõsolata est in humilitate
mea: quia eloquium tuum viuificauit me.
Superbi inique agebant vsquequaque: a le=
ge autem tua non declinaui.
Memor fui iudiciorum tuorũ a seculo do
mine: et consolatus sum.
Defectio tenuit me: pro peccatoribus de=
relinquentibus legem tuam.
Cantabiles michi erãt iustificatiões tue:

Idololatre dicuntur qui simulacris eam servitutem exhibent que debetur deo
that is latria that consisteth in iii thynges principally viz in aknowlegyng
hym to be lord of all lordes maker of all thynges gyver of all gudnes to
man / nexte in lovyng hym wt all our hartes wt all our soules and wt all our power
then in offeryng to hym sacrifice of prayers thankes gyvyng and the precious
body and bludde of his sonne Jhesus christ lib° 10 cap 6 de trinitate

primus psalmus 21 deus deus meus
2us psalmus 19 Exaudiat te dominus
3us psalmus 73 Ut quid deus repulisti
4us psalmus 97 cantate domino canticum novum quia mirabilia fecit
5us psalmus 110 confitebor tibi domine in toto corde meo

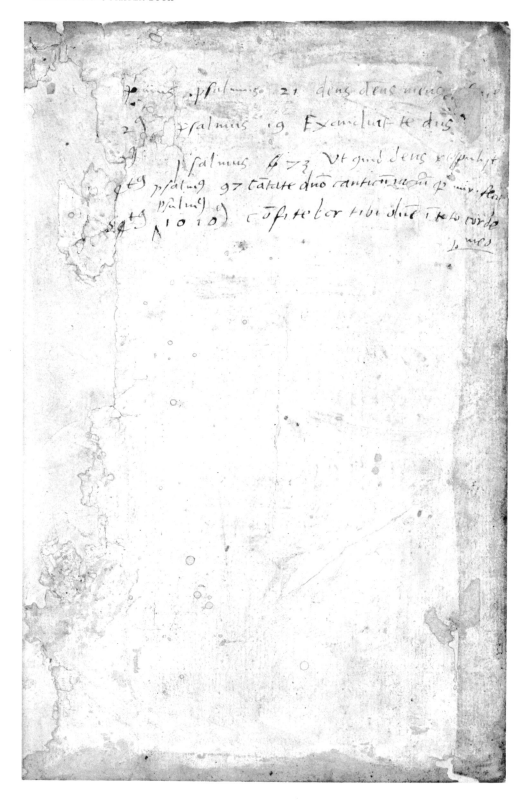

Transcription and Translation

MARGINALIA IN THE *Book of Hours*

TRANSCRIPTION

Sig. c_1 (fol. xvij), p. 3:
Gyve me thy grace good lord
To sett the world at nought

Sig. c_1v (fol. xvij^v), p. 4:
To sett my mynd faste vppon the
And not to hange vppon the blaste
of mennys mowthis

Sig. c_2 (fol. xviij), p. 5:
To be content to be solitary
Not to long for worldely company

Sig. c_2v (fol. xviij^v), p. 6:
Lytle & litle vttrely to caste of the world
And ridde my mynd of all the bysynes therof

Sig. c_3 (fol. xix), p. 7:
Not to long to here of eny worldely thyngis
But that the heryng of worldely fantesyes may
be to me disples*a*unt

Sig. c_3v (fol. xix^v), p. 8:
Gladly to be thinkyng of god
pituously to call for his helpe

Sig. c_4 (fol. xx), p. 9:
To lene vn to the cu*m*fort of god
Bysyly to labo^r to love hym

Sig. c_4v (fol. xx^v), p. 10:
To know myn awne vilite & wrechednesse
To humble & meken my selfe vnder the
myghty hand of god

Sig. c_5 (fol. xxj), p. 11:
To bewayle my synnys passed
ffor the purgyng of them[1] patiently to
suffre adversite

1. The *m* is written over a *y* and what appears to have been an *r,* as if More first wrote "theyr."

Sig. c_5v (fol. xxj^{v}), p. 12:
gladly to bere my purgatory here
To be ioyfull of tribulations

Sig. c_6 (fol. xxij), p. 13:
To walke the[1] narow way that ledeth to life
To bere[2] the crosse with christ

Sig. c_6v (fol. xxij^{v}), p. 14:
To haue the laste thing in reme*m*braunce
To have ever a fore myn yie my deth that ys
ever at hand

Sig. c_7 (fol. xxiij), p. 15:
To make deth no straunger to me
To foresee & considre theverlastyng fyre of hell

Sig. c_7v (fol. xxiij^{v}), p. 16:
To pray for perdon byfore the Iudge come
To haue continually in mynd the passion that christe
suffred for me

Sig. c_8 (fol. xxiiij), p. 17:
ffor his benefitys vncess*a*untly to geve hym thankys
To by the tyme agayn that I byfore haue loste

Sig. c_8v (fol. xxiiij^{v}), p. 18:
To abstayn from vayne confabulations
To estew light folysh myrth & gladnesse

Sig. d_1 (fol. xxv), p. 19:
Recreationys not necessary / to cutt off
of worldely substauns frendys libertie life and all
to sett the losse at right nowght for the
wynny*n*g[3] of christ

Sig. d_1v (fol. xxv^{v}), p. 20:
To thynke[4] my mooste enemyes my best[5]
frendys

1. *r* canceled after "the."
2. "my" canceled after "bere."
3. Our emendation of "wynnyg" in the text.
4. A single letter, probably *t* or *r*, canceled after "thynke."
5. "frendys" canceled after "best" at end of line.

ffor[1] the[2] brethern of Ioseph could never haue done
hym so mych good with theire love & favo^{r} as
they did hym with theire malice &
hatered[3].

Sig. d_2 (fol. xxvj), p. 21:

These myndys are more to be[4] desired of
every man than all the treasore of
all the princ*is* & kyng*is* christen & hethen
were[5] it gathered & layed to gether
all vppon one hepe

1. The first *f* of "ffor" is conjectural; "The" canceled after "ffor."
2. Interlineated in the text.
3. "hatered" is bracketed in the text.
4. Interlineated in the text.
5. "all" canceled before "were."

MARGINALIA IN THE 𝔓𝔰𝔞𝔩𝔱𝔢𝔯

TRANSCRIPTION AND TRANSLATION

Sig. a_2 (fol. ij), p. 27:
Psalm 3:2, *Domine quid multiplicati:* a*n*i*m*a resipiscens a peccato (the soul recovering from sin)

Sig. a_2 (fol. ij), p. 27:
Psalm 3:6, *Ego dormiui:* qui resurgit a peccato (he who rises up from sin)

Sig. a_2 (fol. ij), p. 27:
Psalm 3:7, *Non timebo milia:* Insultatio[1] contra demones (a challenge against demons)

Sig. a_2v (fol. ij^{v}), p. 28:
Psalm 4:7, *Signatum est super nos:* gratiaru*m* actio p*ro* co*n*solatione (thanksgiving for consolation)

Sig. a_3 (fol. iij), p. 29:
Psalm 5:11, *Sepulchrum patens:* contra insidias demonu*m* (against the snares of the demons)

Sig. a_3 (fol. iij), p. 29:
Psalm 6:2, *Domine ne in furore:* Imploratio ueni*a*e p*ro* p*e*c*c*atis[2] (a prayer imploring pardon for one's sins)

Sig. a_4 (fol. iiij), p. 31:
Psalm 7:2, *Domine deus meus in te speraui:* contra spiritales[3] nequitias (against the spiritual hosts of wickedness)

Sig. a_4 (fol. iiij), p. 31:
Psalm 7:7, *Exurge domine in ira tua:* contra demones (against demons)

Sig. a_4v (fol. iiij^{v}), p. 32:
Psalm 7:16, *Lacum aperuit:* contra demone*m* (against the demon)

Sig. a_5 (fol. v), p. 33:
Psalm 9:4, *In conuertendo inimicum:* demones (demons)

1. A single indecipherable letter cancelled before "Insultatio."
2. The last three letters of this word are badly blurred.
3. The form "spiritales" is a variant of "spirituales." In the *Dialogue of Comfort* (Book II, Chapter 9; *English Works,* sig. FF_1v) More renders Ephesians 6:12 (contra spiritualia nequitiae in caelestibus) as "against the spiritual wicked gostes of the ayre."

Sig. a_5v (fol. v^v), p. 34:
Psalm 9:7, *Inimici defecerunt:* E[1]

Sig. a_5v (fol. v^v), p. 34:
Psalm 9:7, *Perijt memoria:* demones (demons)

Sig. a_5v (fol. v^v), p. 34:
Psalm 9:10, *Et factus est:* c

Sig. a_5v (fol. v^v), p. 34:
Psalm 9:11, *Et sperent in te:* b

Sig. a_5v (fol. v^v), p. 34:
Psalm 9:14, *Miserere mei domine:* a

Sig. a_6 (fol. vj), p. 35:
Psalm 9:19, *Quoniam non in finem*: d

Sig. a_6 (fol. vj), p. 35:
Psalm (10):1, *Ut quid domine:* g[2]

Sig. a_6 (fol. vj), p. 35:
Psalm (10):7, *Cuius maledictione:* ff

Sig. a_6 (fol. vj), p. 35:
Psalm (10):8, *Sedet in insidijs:* demon (demon)

Sig. a_6v (fol. vj^v), p. 36:
Psalm (10):9, *Oculi eius:* ff

Sig. a_6v (fol. vj^v), p. 36:
Psalm (10):12, *Exurge domine:* h

Sig. a_6v (fol. vj^v), p. 36:
Psalm (10):14, *Tibi derelictus:* i

Sig. a_6v (fol. vj^v), p. 36:
Psalm (10):17, *Desiderium pauperum:* k

Sig. a_7 (fol. vij), p. 37:
Psalm 10:3, *Quoniam ecce:* l; demones (demons)

Sig. a_7 (fol. vij), p. 37:
Psalm 10:5, *Dominus in templo:* m

1. For this letter and those which follow (*a* to *p*), see the Introduction, pp. xxxi–xxxiv.

2. An *e* is canceled before "g" in the margin. Psalm (10) in the Vulgate is the regular Psalm 10 in the Authorized Version, which follows the Hebrew text. Thus the Vulgate Psalm 10 becomes Psalm 11 in the Authorized Version and the numbering of the latter remains one higher than the Vulgate until Psalm 147.

Sig. a_7 (fol. vij), p. 37:
Psalm 10:5, *Oculi eius:* n

Sig. a_7 (fol. vij), p. 37:
Psalm 10:6, *Dominus interrogat:* o

Sig. a_7 (fol. vij), p.37:
Psalm 10:7, *Pluit super:* p

Sig. a_7v (fol. vij^{v}), p. 38:
Psalm 12:1, *Usquequo domine:* Qui scrupulu*m* habet in confessione et a*nimo* suo no*n* satisfacit precetur hu*nc* psalmu*m* (He who has scruples in confession and is not satisfied in his own soul should pray this psalm.)

Sig. a_8 (fol. viij), p. 39:
Psalm 13:3, *Sepulchrum patens:* demones (demons)

Sig. a_8v (fol. viij^{v}), p. 40:
Psalm 13:5, *Dominum non inuocauerunt:* The marginal mark is a flag with three dots over it.

Sig. b_1 (fol. ix), p. 41:
Psalm 15:4, *Multiplicate sunt:* tribulationis utilitas (the usefulness of tribulation)

Sig. b_1v (fol. ix^{v}), p. 42:
Psalm 15:8, *Prouidebam dominum:* solaciu*m* i*n* tribulatione (comfort in tribulation)

Sig. b_2 (fol. x), p. 43:
Psalm 16:5, *Perfice gressus meos:* pet*it* ne titubet in tentatione (he prays that he may not falter in [the time of] temptation)

Sig. b_2v (fol. x^{v}), p. 44:
Psalm 16:8, *A resistentibus dextere tue:* oratio christiani popoli [*sic*] co*n*tra potentia*m* turchoru*m* (a prayer of the Christian people against the power of the Turks)

Sig. b_3v (fol. xj^{v}), p. 45:
Psalm 17:15, *Et misit sagittas:* demones (demons)

Sig. b_7 (fol. xv), p. 47:
Psalm 19:8, *Hi in curribus:* fiducia in deu*m* (trust in God)

Sig. b_7 (fol. xv), p. 47:
Psalm 19:10, *Domine saluum fac regem:* pro rege (for the king)

Sig. b_7v (fol. xv^v), p. 48:
Psalm 20:2, *Domine in virtute:* pro rege (for the king)

Sig. b_8v (fol. xvj^v), p. 49:
Psalm 21:7, *Ego autem sum:* in pena cum infamia (in [the time of] suffering with disgrace)

Sig. c_1 (fol. xvij), p. 50:
Psalm 21:17, *Quoniam circundederunt:* contra demones (against demons)

Sig. c_1 (fol. xvij), p. 50:
Psalm 21:20, *Tu autem domine:* contra demones (against demons)

Sig. c_1v (fol. xvij^v), p. 51:
Psalm 22:4, *Nam et si ambulauero:* fiducia (trust)

Sig. c_1v (fol. xvij^v), p. 51:
Psalm 22:4, *Uirga tua:* trib (trib[ulation])

Sig. c_2v (fol. xviij^v), p. 52:
Psalm 24:1, *Ad te domine:* demones (demons)

Sig. c_2v (fol. xviij^v), p. 52:
Psalm 24:7, *Delicta iuuentutis:* pro peccatis (for one's sins)

Sig. c_2v (fol. xviij^v), p. 52:
Psalm 24:11, *Propter nomen:* pro peccatis (for one's sins)

Sig. c_3 (fol. xix), p. 53:
Psalm 24:15, *Oculi mei semper:* de peccato aut carcere ([rescue] from sin or prison); tri (tri[bulation])[1]

Sig. c_4 (fol. xx), p. 54:
Psalm 26:1, *Dominus illuminatio mea:* fiducia (trust)

Sig. c_4 (fol. xx), p. 54:
Psalm 26:2, *Qui tribulant me:* demones (demons)

Sig. c_4v (fol. xx^v), p. 55:
Psalm 26:12, *Ne tradideris me:* calumnia (false accusation)

Sig. c_4v (fol. xx^v), p. 55:
Psalm 26:13, *Credo videre:* spes et fiducia (hope and trust)

Sig. c_4v (fol. xx^v), p. 55:
Psalm 26:14, *Expecta dominum:* patientia (patience)

1. "tri" is written in the inner margin.

Sig. c_5 (fol. xxj), p. 56:
Psalm 27:7, *Dominus adiutor meus:* gratiarum actio de adiutorio (thanksgiving for aid received)

Sig. c_5v (fol. xxj^v), p. 57:
Psalm 29:2, *Exaltabo te domine:* euadens tentationem demonum aut recipiscens a peccato (escaping from the temptation of demons or recovering from sin)

Sig. c_6 (fol. xxij), p. 58:
Psalm 29:8, *Auertisti faciem tuam:* tri (tri[bulation])

Sig. c_6v (fol. xxij^v), p. 59:
Psalm 30:5, *Educes me de laqueo:* contra insidias demonum (against the snares of demons)

Sig. c_6v (fol. xxij^v), p. 59:
Psalm 30:6, *In manus tuas:* periclitantis aut morientis oratio (the prayer of someone in great danger or at the point of death)

Sig. c_6v (fol. xxij^v), p. 59:
Psalm 30:9, *Nec conclusisti:* ereptus ab insidijs diaboli (snatched away from the snares of the devil)

Sig. c_7 (fol. xxiij), p. 60:
Psalm 30:12, *Super omnes inimicos:* in infamia et periculo (in infamy and danger)

Sig. c_7 (fol. xxiij), p. 60:
Psalm 30:18, *Erubescant impij:* demones (demons)

Sig. c_7 (fol. xxiij), p. 60:
Psalm 30:20, *Quoniam*[1] *magna multitudo:* consolatio spiritus in tribulatione (consolation for the soul in tribulation)

Sig. c_7v (fol. xxiij^v), p. 61:
Psalm 31:5, *Delictum meum:* confessio peccati (confession of sin)

Sig. c_8 (fol. xxiiij), p. 62:
Psalm 31:7, *Tu es refugium:* tri (tri[bulation])

Sig. d_2 (fol. xxvj), p. 66:
Psalm 34:1, *Iudica domine:* contra[2] demones (against demons)

1. The modern Vulgate reads "Quam," but More's cento prayer in the *English Works* also has "Quoniam."
2. Our emendation of "cotra."

Sig. d_2v (fol. xxvj^v), p. 67:
Psalm 34:5, *Fiant*[1] *tanquam puluis:* contra demones (against demons)

Sig. d_2v (fol. xxvj^v), p. 67:
Psalm 34:13, *Ego autem cum michi:* tri (tri[bulation])

Sig. d_3 (fol. xxvij), p. 68:
Psalm 34:15, *Et aduersum me letati:* demones insulta*n*t sed humiliem*ur* vtam*us* [*sic*] cilicio ieiunemus et precem*ur* (the demons taunt [us], but let us lie low; let us wear the hair shirt, let us fast and pray)

Sig. d_3 (fol. xxvij), p. 68:
Psalm 34:19, *Non supergaudeant:* demones etia*m* falsa p*ro*speritate blandiu*n*tur (the demons also flatter [us] with false prosperity)

Sig. d_4 (fol. xxviij), p. 70:
Psalm 36:1, *Noli emulari:* ne quis invideat i*m*proboru*m* prosperitati (let no one envy the prosperity of the wicked)

Sig. d_6 (fol. xxx), p. 74:
Psalm 37:2, *Domine ne in furore:* psalmus efficax ad conseque*n*da*m* uenia*m* (a good psalm for obtaining pardon)

Sig. d_6v (fol. xxx^v), p. 75:
Psalm 37:14, *Ego autem tanquam surdus:* sic se debet habere uir mitis in tribulatione / et neq*ue* superbe loqui neq*ue* regerere male dicta *sed* maledice*n*tib*us* benedicere et libenter pati sive iustici*ae* causa si meruit sive dei causa si no*n* meruit (a meek man ought to behave in this way during tribulation; he should neither speak proudly himself nor retort to what is spoken wickedly, but should bless those who speak evil of him and suffer willingly, either for justice' sake if he has deserved it or for God's sake if he has deserved nothing)

Sig. d_7 (fol. xxxj), p. 76:
Psalm 38:2, *Posui ori meo:* maledictis abstine*n*du*m* (evil words are not to be employed)

Sig. d_7v (fol. xxxj^v), p. 77:
Psalm 39:2, *Expectans expectaui:* vt[2] exauditu*s* sit et liberatus a te*n*tatione (so that he may be heard and freed from temptation)

Sig. d_8v (fol. xxxij^v), p. 78:
Psalm 40:2, *Beatus qui intelligit:* eleemosina in paupere*m* (alms for the poor man)

1. The printed text incorrectly reads "Fiat."
2. The reading is conjectural.

Sig. e_1 (fol. xxxiij), p. 79:
Psalm 40:6, *Inimici mei dixerunt:* demones (demons)

Sig. e_1v (fol. xxxiij^{v}), p. 80:
Psalm 41:2, *Quemadmodum desiderat ceruus:* felix qui istud ex a*nim*o potest dicere (happy the man who can say this from his soul)

Sig. e_1v (fol. xxxiij^{v}), p. 80:
Psalm 41:6, *Quare tristis es:* in tribulatione (in tribulation)

Sig. e_2v (fol. xxxiiij^{v}), p. 81:
Psalm 43:6, *In te inimicos:* demones (demons)

Sig. e_4v (fol. xxxvj^{v}), p. 84:
Psalm 45:2, *Deus noster refugium:* fiducia in deu*m* adu*er*sus tribulatione*m* (trust in God against tribulation)

Sig. e_6 (fol. xxxviij), p. 87:
Psalm 48:2, *Audite hec omnes gentes:* Inuitatio (Invitation)

Sig. e_6v (fol. xxxviij^{v}), p. 88:
Psalm 48:15, *Sicut oues in inferno:* demones (demons)

Sig. e_6v (fol. xxxviij^{v}), p. 88:
Psalm 48:17, *Ne timueris cum diues:* diuitu*m* misera*n*da superbia (the pride of the rich is to be pitied)

Sig. f_2 (fol. xlij), p. 95:
Psalm 54:5, *Cor meum conturbatum:* in tribulatione (in tribulation)

Sig. f_2v (fol. xlij^{v}), p. 96:
Psalm 54:16, *Ueniat mors super illos:* demones (demons)

Sig. f_3 (fol. xliij), p. 97:
Psalm 54:22, *Molliti sunt sermones:* adulator (flatterer)

Sig. f_3 (fol. xliij), p. 97:
Psalm 54:23, *Iacta super dominum:* in tribulatione (in tribulation)

Sig. f_3 (fol. xliij), p. 97:
Psalm 54:24, *Tu uero deus:* demones (demons)

Sig. f_3v (fol. xliij^{v}), p. 98:
Psalm 55:5, *In deo laudabo:* fiducia (trust)

Sig. f_3v (fol. xliij^{v}), p. 98:
Psalm 55:7, *Inhabitabunt et abscondent:* demones (demons)

Sig. f_3v (fol. xliij^{v}), p. 98:
Psalm 55:9, *Deus vitam meam:* demones (demons)

Sig. f3v (fol. xliij^v^), p. 98:
Psalm 55:13, *Quoniam eripuisti:* liberatus a tentatione (freed from temptation)

Sig. f3v (fol. xliij^v^), p. 98:
Psalm 56:2, *Miserere mei deus:* fiducia in deum (trust in God)

Sig. f4 (fol. xliiij), p. 99:
Psalm 56:3, *Clamabo ad deum:* liberatus a temptatione (freed from temptation)

Sig. f4 (fol. xliiij), p. 99:
Psalm 56:7, *Laqueum parauerunt:* demones (demons)

Sig. f4 (fol. xliiij), p. 99:
Psalm 56:9, *Exurge gloria:* exultacio (exultation)

Sig. f4v (fol. xliiij^v^), p. 100:
Psalm 57:2, *Si vere vtique iusticiam:* qui de iusticia loquitur et iniuste iudicat aut inique facit ypochrita est (a man who speaks of justice and who judges unjustly or acts iniquitously is a hypocrite)

Sig. f4v (fol. xliiij^v^), p. 100:
Psalm 57:7, *Deus conteret dentes:* contra demones (against demons)

Sig. f5 (fol. xlv), p. 101:
Psalm 58:2, *Eripe me de inimicis:* Imploracio auxilij contra uel demones uel malos homines (A plea for help against either demons or evil men)

Sig. f5 (fol. xlv), p. 101:
Psalm 58:10, *Fortitudinem meam:* spes in deo (hope in God)

Sig. f5v (fol. xlv^v^), p. 102:
Psalm 59:3, *Deus repulisti nos:* oratio pro populo in peste[1] fame bello aut alia tribulatione (a prayer for the people in [time of] plague, famine, war or other tribulation)

Sig. f6v (fol. xlvj^v^), p. 104:
Psalm 60:4, *fortitudinis a facie inimici:* diaboli (of the devil)

Sig. f6v (fol. xlvj^v^), p. 104:
Psalm 60:7, *Dies super dies regis:* pro rege (for the king)

Sig. f6v (fol. xlvj^v^), p. 104:
Psalm 61:2, *Nonne deo subiecta erit:* patientia in tribulacione vel non committam tale peccatum amplius (patience in tribulation, or I shall not commit such a sin again)

1. "fame" is canceled after "peste."

Sig. f_7 (fol. xlvij), p. 105:
Psalm 61:6, *Ueruntamen deo:* patientia (patience)

Sig. f_7 (fol. xlvij), p. 105:
Psalm 62:2, *Sitiuit in te:* desideri*u*m in deu*m* (longing for God)

Sig. f_7 (fol. xlvij), p. 105:
Psalm 62:4, *Quoniam melior est:* in tribulatione et timore[1] mortis (in tribulation and fear of death)

Sig. f_7v (fol. xlvij^v), p. 106:
Psalm 63:2, *Exaudi deus orationem meam:* precatio cont*ra* *in*sidias demonis (a prayer against the snares of the demon)

Sig. f_8 (fol. xlviij), p. 107:
Psalm 64:4, *Uerba iniquorum:* contra potente*m* calu*m*niam (against a powerful piece of slander)

Sig. g_1 (fol. xlix), p. 109:
Psalm 65:9, *Qui posuit animam meam:* exultat q*uod* deus eu*m* no*n* permisit cedere tentationi demonis (he rejoices because God has not permitted him to yield to the temptation of the demon)

Sig. g_2 (fol. l), p. 111:
Psalm 67:2, *Exurgat deus:* contra demonu*m* insidias et insultus (against the snares and insults of the demons)

Sig. g_2 (fol. l), p. 111:
Psalm 67:12, *Dominus dabit:* p*ro* predicatoribus (for preachers)

Sig. g_3 (fol. lj), p. 112:
Psalm 67:29, *Manda deus:* petit*ur* p*er*seuerantia (perseverance is sought)

Sig. g_3v (fol. lj^v), p. 113:
Psalm 68:2, *Saluum me fac deus:* In tribulacione magna (In great tribulation)

Sig. g_4 (fol. lij), p. 114:
Psalm 68:7, *Non erubescant in me:* in tribulacione dicendu*m* fidelib*us* a[2] Hu*n*garis[3] inualesce*n*tib*us* turcis et multis hu*n*garoru*m* in turcaru*m* perfidia*m* desciscentib*us* (to be said in [time of] tribulation by the faithful among the Hungarians when the Turks grow strong and many Hungarians fall away into the false faith of the Turks)

1. "metu" canceled after "timore."
2. More originally wrote *ab* and then canceled the *b*.
3. Our emendation for "Hugaris" in the original.

Sig. g_4v (fol. lij^{v}), p. 115:
Psalm 68:23, *Fiat mensa:* contra demones (against demons)

Sig. g_5 (fol. liij), p. 116:
Psalm 68:33, *Uideant pauperes:* pro paup*er*ib*us* (for the poor)

Sig. g_5 (fol. liij), p. 116:
Psalm 68:34, *Quoniam exaudiuit:* *pro* incarceratis (for those in prison)

Sig. g_5 (fol. liij), p. 116:
Psalm 69:2, *Deus in adiutorium:* petit A deo defe*n*di (he asks to be protected by God)

Sig. g_6 (fol. liiij), p. 118:
Psalm 70:6, *In te cantatio:* *in* tribulatione cu*m* infamia (in tribulation with disgrace)

Sig. g_6 (fol. liiij), p. 118:
Psalm 70:9, *Ne proijcias me:* senectus segnis est (old age is sluggish)

Sig. g_6 (fol. liiij), p. 118:
Psalm 70:10, *Quia dixerunt inimici:* consiliu*m* demonu*m* (the counsel of the demons)

Sig. g_6v (fol. liiij^{v}), p. 119:
Psalm 70:18, *Potentiam tuam:* gr*ati*as agit de liberatione A tribulatione uel tentatione (he gives thanks for his release from tribulation or temptation)

Sig. g_6v (fol. liiij^{v}), p. 119:
Psalm 71:2, *Deus iudicium tuum:* pro rege (for the king)

Sig. g_7v (fol. lv^{v}), p. 121:
Psalm 72:1, *Quam bonus israel:* gaude*n*s euasisse e[1] tentatione diaboli in qua*m* fere occiderat (rejoicing that he has escaped from the temptation of the devil into which he had almost fallen)

Sig. g_7v (fol. lv^{v}), p. 121:
Psalm 72:4, *Quia non est respectus:* prosperitas impedit conversione*m* et facit augeri vicia (prosperity hinders conversion and causes vices to increase)

Sig. g_8 (fol. lvj), p. 122:
Psalm 72:11, *Et dixerunt / quomodo:* dixit insipie*n*s (so spoke the fool)

Sig. g_8v (fol. lvj^{v}), p. 123:
Psalm 72:24, *Tenuisti manum:* euade*n*s te*n*tatione*m* (avoiding temptation

1. Only the edge of this letter is now visible in the original.

Sig. g_8v (fol. lvj^v), p. 123:
Psalm 72:28, *Michi autem adherere:* fiducia in deum (trust in God)

Sig. g_8v (fol. lvj^v), p. 123:
Psalm 73:1, *Ut quid deus:* pro populo (for the people)

Sig. h_1v (fol. lvij^v), p. 125:
Psalm 74:2, *Confitebimur tibi deus:* Rex[1] pius et supplex (a pious and suppliant king)

Sig. h_2 (fol. lviij), p. 126:
Psalm 74:5, *Dixi iniquis:* idem (likewise)

Sig. h_2 (fol. lviij), p. 126:
Psalm 75:5, *Illuminans tu:* idem (likewise)

Sig. h_2v (fol. lviij^v), p. 127:
Psalm 75:7, *Ab increpatione tua:* idem (likewise)

Sig. h_2v (fol. lviij^v), p. 127:
Psalm 76:2, *Uoce mea ad dominum:* de tribulatione (concerning tribulation)

Sig. h_4v (fol. lx^v), p. 130:
Psalm 77:23, *Et mandauit nubibus:* sua[2] sponte dedit illis manna sed illorum clamori[3] dedit coturnices (by His own will He gave them manna, but He gave them quails in response to their cry)

Sig. h_4v (fol. lx^v), p. 130:
Psalm 77:29, *Et manducauerunt:* quum visus est maxime placatus maxime est indignatus (when He seemed to be most appeased, then He was most displeased)

Sig. h_7 (fol. lxiij), p. 133:
Psalm 78:5, *Usquequo domine:* pro christiano populo (for the Christian people)

Sig. h_7v (fol. lxiij^v), p. 134:
Psalm 79:4, *Deus conuerte nos:* pro populo christiano contra turcas (for the Christian people against the Turks)

Sig. h_8 (fol. lxiiij), p. 135:
Psalm 79:14, *Exterminauit eam aper:* machomaeus[4] (Mohammed)

1. *s* canceled after "Rex."

2. Over the *a* of "sua" is an apparently otiose mark which resembles an *s* with three dots above it.

3. The *i* of "clamori" is written over an *e*. In this passage More, like the Psalmist, is recalling Exodus 16:13, "Factum est ergo vespere, et ascendens coturnix cooperuit castra."

4. The reading is uncertain. An indecipherable letter (perhaps a *t*) has been written over "mae." More probably intended the usual medieval Latin form, "machometus."

Sig. i_1v (fol. lxv^{v}), p. 138:
Psalm 82:2, *Deus quis similis:* populus christianus contra turcas (the Christian people against the Turks)

Sig. i_2 (fol. lxvj), p. 139:
Psalm 83:2, *Quam dilecta tabernacula:* oratio uel eius qui in carcere claus*us*[1] est aut eger recu*m*bit i*n*[2] Lecto suspira*n*tis ad te*m*plu*m* aut cuiuslibet fidelis suspira*n*tis in celu*m* (the prayer either of a man who is shut up in prison, or of one who lies sick in bed, yearning [to go] to church, or of any faithful man who yearns for heaven)

Sig. i_2v (fol. lxvj^{v}), p. 140:
Psalm 84:2, *Benedixisti domine:* post victoria*m* uel adu*er*sus turcas, uel adu*er*sus demones, in tentatione uel actio graciaru*m* post ablata*m* peste*m* aut[3] ablata*m* siccitate*m* aut pluuia*m* (after victory, either against the Turks or against the demons in temptation; or a thanksgiving after the plague, or drought, or a spell of rainy weather have been taken away)

Sig. i_3 (fol. lxvij), p. 141:
Psalm 85:3, *Miserere mei domine:* pet*it* consolari (he asks to be comforted)

Sig. i_3v (fol. lxvij^{v}), p. 142:
Psalm 85:7, *In die tribulationis:* gratie act*ae* de liberatione A[4] t*ri*bulatione (thanksgiving for release from tribulation)

Sig. i_3v (fol. lxvij^{v}), p. 142:
Psalm 85:13, *Quia misericordia tua:* liberatio a p*ec*catis (liberation from sins)

Sig. i_4 (fol. lxviij), p. 143:
Psalm 85:17, *Fac mecum signum:* lustratio crucis (the sacrifice of the cross)

Sig. i_4 (fol. lxviij), p. 143:
Psalm 87:2, *Domine deus salutis:* in t*ri*bulatione (in tribulation)

Sig. i_4v (fol. lxviij^{v}), p. 144:
Psalm 87:5, *Estimatus sum:* in tribulatione uehementi et in carcere (in severe tribulation and in prison)

Sig. i_5v (fol. lxix^{v}), p. 146:
Psalm 88:7, *Quoniam quis in nubibus:* maiestas dei (the majesty of God)

Sig. i_6 (fol. lxx), p. 147:
Psalm 88:23, *Nichil proficiet:* pro rege (for the king)

1. "claus*us*" is interlineated.
2. The original has "i*n* in."
3. "reddita" is canceled after "aut."
4. *A* is written over another word, perhaps "ab."

Sig. i_7v (fol. lxxj^v), p. 149:
Psalm 89:7, *Quia defecimus:* *im*ploratio[1] misericordi*ae* (a prayer imploring mercy)

Sig. i_8 (fol. lxxij), p. 150:
Psalm 89:17, *Et sit splendor:* ut opus prosperet[2] deus (that God may prosper our work)

Sig. i_8 (fol. lxxij), p. 150:
Psalm 90:1, *Qui habitat in adiutorio:* de p*ro*tectione dei (concerning the protection of God)

Sig. i_8 (fol. lxxij), p. 150:
Psalm 90:7, *Cadent a latere:* demones (demons)

Sig. k_1v (fol. lxxiij^v), p. 153:
Psalm 93:2, *Exaltare qui iudicas:* contra turcas (against the Turks)

Sig. k_2 (fol. lxxiiij), p. 154:
Psalm 93:16, *Quis consurget mihi:* gratias agit q*uod* seruauit eu*m* deus in te*n*tatione (he gives thanks that God saved him during temptation)

Sig. k_2v (fol. lxxiiij^v), p. 155:
Psalm 94:1, *Uenite exsultemus:* Inuitatio ad oratione*m* (an invitation to prayer)

Sig. k_3 (fol. lxxv), p. 156:
Psalm 95:4, *Quoniam magnus dominus:* maiestas[3] dei (the majesty of God)

Sig. k_3v (fol. lxxv^v), p. 157:
Psalm 96:1, *Dominus regnauit:* maiestas dei (the majesty of God)

Sig. k_6 (fol. lxxviij), p. 161:
Psalm 101:2, *Domine exaudi:* trib (trib[ulation])

Sig. k_7 (fol. lxxix), p. 163:
Psalm 102:1, *Benedic anima mea:* Inuitatio ad agendas gratias (an invitation to give thanks)

Sig. k_7v (fol. lxxix^v), p. 164:
Psalm 102:11, *Quoniam secundum altitudinem:* misericordia dei (the mercy of God)

Sig. k_8 (fol. lxxx), p. 165:
Psalm 103:7, *Ab increpatione tua:* demones (demons)

1. The letters *pr* are canceled before "i*m*ploratio."
2. The *t* of "prosperet" is not visible in the original.
3. "maist" is canceled above "maiestas."

Sig. l_1 (fol. lxxxj), p. 166:
Psalm 103:32, *Qui respicit terram:* maiestas dei (the majesty of God)

Sig. l_3v (fol. lxxxiij^{v}), p. 169:
Psalm 105:6, *Peccauimus cum patribus:* p*ro* p*e*c*c*atis (for sins)

Sig. l_4v (fol. lxxxiiij^{v}), p. 170:
Psalm 105:37, *Et immolauerunt filios suos:* hoc[1] faciu*n*t qui male educu*n*t (this they do who bring up [their children] badly)

1. Two or three indecipherable letters are canceled before "hoc."

End Paper Materials[1]

Page 181:

Idolatre dicu*ntur* q*ui* simulacris ea*m* seruitute*m* exhibent q*uae* debet*ur* deo[2] that is latria that co*n*sistith in iij thyng*es* p*r*incipally vz in aknowlegyng hym to be lord of all lord*es* maker of all thyng*es* & gyver of all gudnes to man / next in lovyng hym *with* all ow*r* hart*es* *with* all ow*r* soules & *with* all ow*r* powe*r* then in offeryng to hym sacrifise of prayo*r* thank*es* gyving & the p*re*cious body & bludde of his sune Ih*es*us christ lib*er* 1⁰ cap. 6 de Trinitate

Inside Back Cover[3]

Page 182:

p*r*imus. psalmus 21 deus deus meus [re]spice (21:1)
2*us* psalmus 19 Exaudiat te d*omin*us (19:1)
3*us* psalmus 73[4] Vt quid deus repulisti (73:1)
4t*us* psalm*us* 97 ca*n*tate d*omi*no canticu*m* novu*m* q*uia* mir. fecit (97:1)
5t*us*[5] psalmus[6] 1010*us* co*n*fitebor tibi d*omi*ne i*n* toto corde meo (110:1)

1. The paragraph which follows, occurring on the third of five nonconjugate leaves bound in at the end of the volume, is not in More's hand. See the Introduction, p. xix.

2. "They are called idolaters who render to images that service which is owed to God." The quotation is from St. Augustine's *De Trinitate,* book I, chapter 6, section 13. See J.-P. Migne, *Patrologia Latina, 42,* col. 827.

3. The lines which follow are in More's hand. See the Introduction, p. xix.

4. A *6* is canceled before "73."

5. *e* is canceled before "t*us*."

6. "psalmus" is interlineated.

Rastell's 1557 Text of More's English Prayer

¶ A godly meditacion, written by sir
Thomas More knyghte whyle he
was prisoner in the tower of Londo*n*,
in the yere of our Lord, 1534.[1]

GEue me thy grace good Lorde
to set the worlde at nought.
To set my mynde fast vppon
the.
And not to hange vppon the blast of
mennes mouthes.
To be content to be solitary.
Not to long for worldly company.
Lytle & litle vtterly to cast of ye worlde.
And ridde my mynde of all the busy-
nesse therof.
Not to long to heare of any worldlye
thynges.
But that the hearyng of worldly fan-
tasyes maye be to me displeasant.
Gladly to be thynking of god.
Piteously to call for his helpe.
To leane vnto the coumforte of God.
Busily to labour to loue hym.
To knowe myne owne vilitee & wret-
chednes.
To humble and meken my self vnder
the myghty hand of god.
To bewayl my sinnes passed.
For the purgyng of them, pacientlye
to suffer aduersitie.
Gladly to beare my purgatorye[2] here.
To be ioyful of tribulacions.

1. The text is a line-for-line reprint of the 1557 text. Abbreviations in the original have been expanded and italicized.

2. *1557* has "pnrgatorye."

To walke the narowe way that leadeth to lyfe.

To beare the crosse with Christ.

To haue the laste thynge in remembrance.

To haue euer afore myne eye, my death, that is euer at hande.

To make death no straunger to me.

To foresee and co*n*sider the euerlasting fier of hell.

To pray for pardone before the iudge come.

To haue continually in mind, the passion that Christ suffred for me.

For his benefites vncessantly to giue him thankes.

To bye the time again, that I before haue lost.

To abstaine from vaine confabulacions.

To eschewe light foolishe mirthe and gladnes.

Recreacions not necessary to cut of.

Of worldly substance, frendes, libertye, life, and al, to sette the losse at right nought, for the winning of Christ.

To thinke my most enemies my beste frendes.

For the bretherne of Ioseph, coulde neuer haue done him so much good with their loue and fauor, as they did him w^t their malice and hatred.

These mindes are more to be desired of euery ma*n*, than all the treasure of all the princes and kinges christen & heathen, were it gatherd and layde together all vpon one heape.